LE
COLLIER
DE LA REINE

PAR

ALEXANDRE DUMAS

I

PARIS
ALEXANDRE CADOT, ÉDITEUR,
32, RUE DE LA HARPE.
1849

LE COLLIER DE LA REINE.

Ouvrages de Xavier de Montépin.

Les Chevaliers du Lansquenet . . . . . . 10 vol.
Les Viveurs d'autrefois . . . . 4 vol.
Pivoine . . . . 2 vol.
Les Amours d'un Fou . . . . 4 vol.

Sous presse.

Les Confessions d'un Bohême.
Les Étudiants de Paris.
Les Oiseaux de nuit.
Le Roman de la vie.
Gabriel.
Cyrano de Bergerac.

Ouvrages d'Alexandre Dumas fils.

La Dame aux camélias . . . . 2 vol.
Aventures de quatre femmes . . . . . . 6 vol.
Le docteur Servans . . . . 2 vol.
Le roman d'une femme . . . . 4 vol.
Césarine . . . . 1 vol.

Sous presse.

Diane de Lys.
Les amours véritables.

Impr. de E. Dépée, à Sceaux (Seine).

LE
COLLIER
DE LA REINE

PAR

ALEXANDRE DUMAS.

I

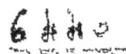

PARIS
ALEXANDRE CADOT, ÉDITEUR,
32, RUE DE LA HARPE.

1849

AVANT-PROPOS.

Et d'abord, à propos même du titre que nous venons d'écrire, qu'on nous permette d'avoir une courte explication avec nos lecteurs. Il y a déjà vingt ans que nous causons ensemble, et les quelques lignes qui vont suivre, au lieu de relâcher notre vieille amitié, vont, je l'espère, la resserrer encore.

Depuis les derniers mots que nous nous sommes dits, une révolution a passé entre nous : cette révolution, je l'avais annoncée dès 1832[*], j'en avais exposé les causes, je l'avais suivie dans sa progression, je l'avais décrite jusque dans son accomplissement : il y a plus, — j'avais dit, il y a seize ans, ce que je ferais il y a huit mois.

Qu'on me permette de transcrire ici les dernières lignes de l'épilogue pro-

---

[*] *Epilogue de Gaule et France.*

phétique qui termine mon livre de *Gaule et France*.

« Voilà le gouffre où va s'engloutir le
« gouvernement actuel. Le phare que
« nous allumons sur sa route n'éclairera
« que son naufrage; car, voulût-il virer
« de bord, il ne le pourrait plus mainte-
« nant, le courant qui l'entraîne est
« trop rapide; le vent qui le pousse est
« trop large. Seulement, à l'heure de
« perdition, nos souvenirs d'homme
« l'emportant sur notre stoïcisme de ci-
« toyen, une voix se fera entendre qui
« criera : MEURE LA ROYAUTÉ, MAIS DIEU
« SAUVE LE ROI! »

« Cette voix sera la mienne, »

Ai-je menti à ma promesse, et la voix qui seule en France a dit adieu à une auguste amitié, a-t-elle, au milieu de la chute d'une dynastie, vibré assez haut pour qu'on l'ait entendue ?

La Révolution prévue et annoncée par nous, ne nous a donc pas pris à l'improviste. Nous l'avons saluée comme une apparition fatalement attendue; nous ne l'espérions pas meilleure, nous la craignions pire. Depuis vingt ans que nous fouillons le passé des peuples, nous savons ce que c'est que les révolutions.

Des hommes qui l'ont faite et de ceux qui en ont profité, nous n'en parlerons pas. Tout orage trouble l'eau. Tout tremblement de terre amène le fond à la surface. Puis, par les lois naturelles de l'équilibre, chaque molécule reprend sa place. La terre se raffermit, l'eau s'épure, et le ciel, momentanément troublé, mire au lac éternel ses étoiles d'or.

Nos lecteurs vont donc nous retrouver le même, après le 24 février, que nous étions auparavant : une ride de plus au front, une cicatrice de plus au cœur. Voilà tout le changement qui s'est opéré en nous, pendant les huit terribles mois qui viennent de s'écouler.

Ceux que nous aimions, nous les aimons toujours; ceux que nous craignions, nous ne les craignons plus; ceux que nous méprisions, nous les méprisons plus que jamais.

Donc, dans notre œuvre comme en nous, aucun changement; peut-être dans notre œuvre comme en nous, une ride et une cicatrice de plus. Voilà tout.

Nous avons à l'heure qu'il est écrit à peu près quatre cents volumes. Nous avons fouillé bien des siècles, évoqué bien des personnages éblouis de se retrouver debout au grand jour de la publicité.

Eh bien! ce monde tout entier de spectres, nous l'adjurons de dire, si, jamais, nous avons fait sacrifice au temps où nous vivions, de ses crimes, de ses vices ou de ses vertus : sur les rois, sur les grands seigneurs, sur le peuple, nous avons toujours dit ce qui était la vérité ou ce que nous croyions être la vérité; et, si les morts réclamaient comme les vivants, de même que nous n'avons jamais eu à faire une seule rétractation aux vivants, nous n'aurions pas à faire une seule rétractation aux morts.

A certains cœurs, tout malheur est

sacré, toute chute est respectable; qu'on tombe de la vie ou du trône, c'est une piété de s'incliner devant le sépulcre ouvert, devant la couronne brisée.

Lorsque nous avons écrit notre titre au haut de la première page de notre livre, ce n'est point, disons-le, un choix libre qui nous a dicté ce titre, c'est que son heure était arrivée, c'est que son tour était venu ; la chronologie est inflexible; après 1774 devait venir 1784; après *Joseph Balsamo*, le *Collier de la Reine*.

Mais que les plus scrupuleuses susceptibilités se rassurent : par cela même qu'il peut tout dire aujourd'hui, l'historien sera le censeur du poète. Rien de hasardé sur la femme reine, rien de douteux sur la reine martyre. Faiblesse de l'humanité, orgueil royal, nous peindrons tout, c'est vrai; mais comme ces peintres idéalistes qui savent prendre le beau côté de la ressemblance; mais comme faisait l'artiste au nom d'Ange, quand dans sa maîtresse chérie il retrouvait une madone sainte; entre les pamphlets infâmes et la louange exagérée, nous suivrons, triste, impartial et solennel, la ligne rêveuse de la poésie. Celle dont le bourreau a montré au peuple la tête pâle a bien acheté le droit de ne plus rougir devant la postérité.

Alexandre DUMAS.

29 novembre 1848.

PROLOGUE.

I

Un vieux gentilhomme et un vieux maître d'hôtel.

Vers les premiers jours du mois d'avril 1784, à trois heures un quart à peu près de l'après-midi, le vieux maréchal de Richelieu, notre ancienne connaissance, après s'être imprégné lui-même les sourcils d'une teinture parfumée, repoussa de la main le miroir que lui tenait son valet de chambre, successeur, mais non remplaçant du fidèle Rafé; et, secouant la tête de cet air qui n'appartenait qu'à lui :

— Allons, dit-il, me voilà bien ainsi.

Et il se leva de son fauteuil, chiquenaudant du doigt, avec un geste tout juvénile, les atômes de poudre blanche qui avaient volé de sa perruque sur sa culotte de velours bleu-de-ciel.

Puis, après avoir fait deux ou trois tours dans son cabinet de toilette, allongeant le coude-pied et tendant le jarret :

— Mon maître d'hôtel ! dit-il.

Cinq minutes après, le maître d'hôtel se présenta en costume de cérémonie.

Le maréchal prit un air grave et tel que le comportait la situation.

— Monsieur, dit-il, je suppose que vous m'avez fait un bon dîner ?

— Mais oui, Monseigneur.

— Je vous ai fait remettre la liste de mes convives, n'est-ce pas ?

— Et j'en ai fidèlement retenu le nombre, Monseigneur. Neuf couverts, n'est-ce point cela ?

— Il y a couvert et couvert, Monsieur !

— Oui, Monseigneur, mais...

Le maréchal interrompit le maître d'hôtel avec un léger mouvement d'impatience, tempéré cependant de majesté.

—*Mais...* n'est point une réponse,

Monsieur : et chaque fois que j'entends le mot *mais*, et je l'ai entendu bien des fois depuis quatre-vingt-huit ans, eh bien ! Monsieur, chaque fois que je l'ai entendu ce mot, je suis désespéré de vous le dire, il précédait une sottise.

— Monseigneur !...

— D'abord, à quelle heure me faites-vous dîner ?

— Monseigneur, les bourgeois dînent à deux heures, la robe à trois, la noblesse à quatre.

— Et moi, Monsieur ?

— Monseigneur dînera aujourd'hui à cinq heures.

— Oh! oh! à cinq heures!

— Oui, Monseigneur, comme le roi.

— Et pourquoi comme le roi?

— Parce que sur la liste que Monseigneur m'a fait l'honneur de me remettre, il y a un nom de roi.

— Point du tout, Monsieur, vous vous trompez, parmi mes convives d'aujourd'hui, il n'y a que de simples gentilshommes.

— Monseigneur veut sans doute plaisanter avec son humble serviteur, et je le remercie de l'honneur qu'il me fait. Mais M. le comte de Haga, qui est un des convives de Monseigneur...

— Eh bien ?

— Eh bien ! le comte de Haga est un roi.

— Je ne connais pas de roi qui se nomme ainsi.

— Que Monseigneur me pardonne alors, dit le maître d'hôtel en s'inclinant, mais j'avais cru, j'avais supposé...

— Votre mandat n'est pas de croire, Monsieur! Votre devoir n'est pas de supposer! Ce que vous avez à faire, c'est de lire les ordres que je vous donne, sans y ajouter aucun commentaire. Quand je veux qu'on sache une chose, je la dis; quand je ne la dis pas, je veux qu'on l'ignore.

Le maître d'hôtel s'inclina une seconde fois, et cette fois plus respectueusement peut-être que s'il eût parlé à un roi régnant.

— Ainsi donc, Monsieur, continua le vieux maréchal, vous voudrez bien, puisque je n'ai que des gentilshommes à dîner, me faire dîner à mon heure habituelle, c'est-à-dire à quatre heures.

A cet ordre, le front du maître d'hôtel s'obscurcit, comme s'il venait d'entendre prononcer son arrêt de mort. Il pâlit et plia sous le coup.

Puis se redressant avec le courage du désespoir :

— Il arrivera ce que Dieu voudra, dit-il ; mais Monseigneur ne dînera qu'à cinq heures.

— Pourquoi et comment cela? s'écria le maréchal en se redressant.

— Parce qu'il est matériellement impossible que Monseigneur dîne auparavant.

— Monsieur, dit le vieux maréchal en secouant avec fierté sa tête encore vive et jeune, voilà vingt ans, je crois, que vous êtes à mon service?

— Vingt-un ans, Monseigneur; plus un mois et deux semaines.

— Eh bien, Monsieur, à ces vingt-un ans, un mois, deux semaines, vous n'ajouterez pas un jour, pas une heure. Entendez-vous? répliqua le vieillard, en pinçant ses lèvres minces et en fronçant son sourcil peint, dès ce soir vous chercherez un maître. Je n'entends pas que le mot impossible soit prononcé dans ma maison. Ce n'est pas à mon âge que je veux faire l'apprentissage de ce mot. Je n'ai pas de temps à perdre.

Le maître d'hôtel s'inclina une troisième fois.

— Ce soir, dit-il, j'aurai pris congé de Monseigneur, mais au moins jusqu'au dernier moment mon service aura été fait comme il convient.

Et il fit deux pas à reculons vers la porte.

— Qu'appelez-vous *comme il convient?* s'écria le maréchal. Apprenez, Monsieur, que les choses doivent être faites ici comme *il me convient,* voilà la convenance. Or, je veux dîner à quatre heures, moi, et *il ne me convient pas,* quand je veux dîner à quatre heures, que vous me fassiez dîner à cinq.

—Monsieur le maréchal, dit sèchement le maître d'hôtel, j'ai servi de sommelier à M. le prince de Soubise, d'intendant à M. le prince cardinal Louis de Rohan. Chez le premier, Sa Majesté le feu roi de France dînait une fois l'an; chez le second, Sa Majesté l'empereur d'Autriche dînait une fois le mois. Je sais donc comme on traite les souverains, Monseigneur. Chez M. de Soubise, le roi Louis XV s'appelait vainement le baron de Gonesse, c'était toujours un roi. Chez le second, c'est-à-dire chez M. de Rohan, l'empereur Joseph s'appelait vainement le comte de Packenstein, c'était toujours l'empereur. Aujourd'hui, M. le maréchal reçoit un convive qui s'appelle vainement le comte de Haga : le comte de Haga n'en est pas moins le roi de Suède. Je quitterai ce soir l'hôtel de M. le maréchal, ou M. le comte de Haga y sera traité en roi.

— Et voilà justement ce que je me tue à vous défendre, Monsieur l'entêté; le comte de Haga veut l'incognito le plus strict, le plus opaque. Pardieu! je reconnais bien là vos sottes vanités, messieurs de la serviette! Ce n'est pas la couronne que vous honorez, c'est vous-mêmes que vous glorifiez avec nos écus.

— Je ne suppose pas, dit aigrement le maître d'hôtel, que ce soit sérieusement que Monseigneur me parle d'argent.

— Eh non! Monsieur, dit le maréchal

presque humilié; non. Argent! qui diable vous parle d'argent? Ne détournez pas la question, je vous prie, et je vous répète que je ne veux point qu'il soit question de roi ici.

— Mais, Monsieur le maréchal, pour qui donc me prenez-vous? Croyez-vous que j'aille ainsi en aveugle ? mais il ne sera pas un instant question de roi.

— Alors ne vous obstinez point, et faites-moi dîner à quatre heures.

— Non, Monsieur le maréchal, parce qu'à quatre heures ce que j'attends ne sera point arrivé.

— Qu'attendez-vous? un poisson? comme M. Vatel.

— M. Vatel, M. Vatel, murmura le maître d'hôtel.

— Eh bien! êtes-vous choqué de la comparaison?

— Non; mais pour un malheureux coup d'épée que M. Vatel se donna au travers du corps, M. Vatel est immortalisé!

— Ah! ah! et vous trouvez, Monsieur, que votre confrère a payé la gloire trop bon marché?

— Non, Monseigneur, mais combien d'autres souffrent plus que lui dans notre profession et dévorent des douleurs ou des humiliations cent fois pires qu'un coup d'épée, et qui cependant ne sont point immortalisés !

— Eh ! Monsieur, pour être immortalisé, ne savez-vous pas qu'il faut être de l'Académie ou être mort ?

— Monseigneur, s'il en est ainsi, mieux vaut être bien vivant et faire son service. Je ne mourrai pas, et mon service sera fait comme eût été fait celui de Vatel, si M. le prince de Condé eût eu la patience d'attendre une demi-heure.

— Oh ! mais vous me promettez merveilles ; c'est adroit.

— Non, Monseigneur, aucune merveille.

— Mais qu'attendez-vous donc, alors ?

— Monseigneur veut que je le lui dise ?

— Ma foi, oui ! je suis curieux.

— Eh bien, Monseigneur, j'attends une bouteille de vin.

— Une bouteille de vin ! expliquez-vous, Monsieur ; la chose commence à m'intéresser.

— Voici de quoi il s'agit, Monseigneur. Sa Majesté le roi de Suède, pardon, son excellence le comte de Haga, voulais-je dire, ne boit jamais que du vin de Tokay.

— Eh bien! suis-je assez dépourvu pour n'avoir point de Tokay dans ma cave? il faudrait chasser mon sommelier, dans ce cas.

— Non, Monseigneur, vous en avez, au contraire, encore soixante bouteilles, à peu près.

— Eh bien, croyez-vous que le comte de Haga boive soixante-une bouteilles de vin à son dîner?

— Patience, Monseigneur; lorsque M. le comte de Haga vint pour la première fois en France, il n'était que prince royal; alors, il dîna chez le feu roi qui avait reçu douze bouteilles de Tokay de S. M. l'empereur d'Autriche. Vous savez que le Tokay premier crû est réservé pour la cave des empereurs, et que les souverains eux-mêmes ne boivent de ce crû qu'autant que Sa Majesté l'empereur veut bien leur en envoyer?

— Je le sais.

— Eh bien, monseigneur, de ces douze bouteilles dont le prince royal goûta, et qu'il trouva admirables, de ces douze bouteilles, deux bouteilles aujourd'hui restent seulement.

— Oh! oh!

— L'une est encore dans les caves du roi Louis XVI.

— Et l'autre?

— Ah! voilà, monseigneur, dit le maître d'hôtel avec un sourire triomphant; car il sentait qu'après la longue lutte qu'il venait de soutenir, le moment de la victoire approchait pour lui : l'autre, eh bien! l'autre fut dérobée.

— Par qui ?

— Par un de mes amis, sommelier du feu roi, qui m'avait de grandes obligations.

— Ah ! ah ! Et qui vous la donna ?

— Certes, oui, Monseigneur, dit le maître d'hôtel avec orgueil.

— Et qu'en fîtes-vous ?

— Je la déposai précieusement dans la cave de mon maître, Monseigneur.

— De votre maître ? Et quel était votre maître à cette époque, Monsieur ?

— Monseigneur le cardinal prince Louis de Rohan.

— Ah! mon Dieu! à Strasbourg?

— A Saverne.

— Et vous avez envoyé chercher cette bouteille pour moi! s'écria le vieux maréchal.

— Pour vous, Monseigneur, répondit le maître d'hôtel, du ton qu'il eût pris pour dire : ingrat!

Le duc de Richelieu saisit la main du vieux serviteur en s'écriant :

— Je vous demande pardon, Monsieur; vous êtes le roi des maîtres d'hôtel!

— Et vous me chassiez! répondit celui-ci avec un mouvement intraduisible de tête et d'épaules.

— Moi, je vous paie cette bouteille cent pistoles.

— Et cent pistoles que coûteront à M. le maréchal les frais de voyage, cela fera deux cents pistoles. Mais Monseigneur avouera que c'est pour rien.

— J'avouerai tout ce qu'il vous plaira,

Monsieur; en attendant, à partir d'aujourd'hui je double vos honoraires.

— Mais, Monseigneur, mais il ne fallait rien pour cela; je n'ai fait que mon devoir.

— Et quand donc arrivera votre courrier de cent pistoles ?

— Monseigneur jugera si j'ai perdu mon temps : quel jour Monseigneur a-t-il commandé le dîner?

— Mais voici trois jours, je crois.

— Il faut à un courrier qui court à

franc étriers vingt-quatre heures pour aller, vingt-quatre pour revenir.

— Il vous restait vingt-quatre heures : prince des maîtres d'hôtel, qu'en avez-vous fait de ces vingt-quatre heures ?

— Hélas! Monseigneur, je les ai perdues. L'idée ne m'est venue que le lendemain du jour où vous m'aviez donné la liste de vos convives. Maintenant calculons le temps qu'entraîna la négociation et vous verrez, Monseigneur, qu'en ne vous demandant que jusqu'à cinq heures, je ne vous demande que le temps strictement nécessaire.

— Comment! la bouteille n'est pas encore ici?

— Non, Monseigneur.

— Bon Dieu! Monsieur, et si votre collègue de Saverne allait être aussi dévoué à M. le prince de Rohan que vous l'êtes à moi-même?

— Eh bien! Monseigneur?

— S'il allait refuser la bouteille, comme vous l'eussiez refusée vous-même?

— Moi, Monseigneur?

— Oui, vous ne donneriez pas une pareille bouteille, je suppose, si elle se trouvait dans ma cave?

— J'en demande bien humblement pardon à Monseigneur : si un confrère ayant un roi à traiter me venait demander votre meilleure bouteille de vin, je la lui donnerais à l'instant.

— Oh! oh! fit le maréchal avec une légère grimace.

— C'est en aidant que l'on est aidé, Monseigneur.

— Alors me voilà à peu près rassuré,

dit le maréchal avec un soupir ; mais nous avons encore une mauvaise chance.

— Laquelle, Monseigneur ?

— Si la bouteille se casse ?

— Oh! Monseigneur, il n'y a pas d'exemple qu'un homme ait jamais cassé une bouteille de vin de deux mille livres.

— J'avais tort, n'en parlons plus; maintenant votre courrier arrivera à quelle heure ?

— A quatre heures très précises.

— Alors, qui nous empêche de dîner à quatre heures? reprit le maréchal, entêté comme un mulet de Castille.

— Monseigneur, il faut une heure à mon vin pour se reposer, et encore grâce à un procédé dont je suis l'inventeur; sans cela, il me faudrait trois jours.

Battu cette fois encore, le maréchal fit en signe de défaite un salut à son maître d'hôtel.

— D'ailleurs, continua celui-ci, les cconvives de Monseigneur, sachant qu'ils auront l'honneur de dîner avec M. le comte de Haga, n'arriveront qu'à quatre heures et demie.

— En voici bien d'une autre !

— Sans doute, Monseigneur, les convives de Monseigneur sont, n'est-ce pas, M. le comte de Launay, madame la comtesse Dubarry. M. de Lapeyrouse, M. de Favras, M. de Condorcet, M. de Cagliostro et M. de Tavernay?

— Eh bien !

— Eh bien! Monseigneur, procédons par ordre : M. de Launay vient de la

Bastille; de Paris, par la glace qu'il y a sur les routes, trois heures.

— Oui, mais il partira aussitôt le dîner des prisonniers, c'est-à-dire à midi; je connais cela, moi.

— Pardon, Monseigneur; mais depuis que Monseigneur a été à la Bastille, l'heure du dîner est changée, la Bastille dîne à une heure.

—Monsieur, on apprend tous les jours, et je vous remercie. Continuez.

— Madame Dubarry vient de Luciennes, une descente perpétuelle, par le verglas.

— Oh! cela ne l'empêchera pas d'être exacte. Depuis qu'elle n'est plus la favorite que d'un duc, elle ne fait plus la reine qu'avec les barons. Mais comprenez cela à votre tour, Monsieur, je voulais dîner de bonne heure à cause de M. de Lapeyrouse qui part ce soir et qui ne voudra point s'attarder.

— Monseigneur, M. de Lapeyrouse est chez le roi; il cause géographie, cosmographie avec Sa Majesté. Le roi ne lâchera donc pas de sitôt M. de Lapeyrouse.

— C'est possible...

— C'est sûr, Monseigneur, il en sera de même de M. de Favras, qui est chez M. le comte de Provence, et qui y cause sans doute de la pièce de M. Caron de Beaumarchais.

— Du *Mariage de Figaro?*

— Oui, Monseigneur.

— Savez-vous que vous êtes tout-à-fait lettré, Monsieur?

— Dans mes moments perdus, je lis, Monseigneur.

— Nous avons M. de Condorcet qui, en sa qualité de géomètre, pourra bien se piquer de ponctualité.

— Oui, mais il s'enfoncera dans un calcul, et quand il en sortira, il se trouvera d'une demi-heure en retard. Quant au comte de Cagliostro, comme ce seigneur est étranger et habite depuis peu de temps Paris, il est probable qu'il ne connaît pas encore parfaitement la vie de Versailles, et qu'il se fera attendre.

— Allons, dit le maréchal, vous avez, moins Tavernay, nommé tous mes convives, et cela dans un ordre d'énumération digne d'Homère et de mon pauvre Rafé.

Le maître d'hôtel s'inclina.

— Je n'ai point parlé de M. de Tavernay, dit-il, parce que M. de Tavernay est un ancien ami qui se conformera aux usages. Je crois, Monseigneur, que voilà bien les huit couverts de ce soir, n'est-ce pas ?

— Parfaitement. Où nous faites-vous dîner, Monsieur ?

— Dans la grande salle à manger, Monseigneur.

— Nous y gèlerons.

— Elle chauffe depuis trois jours, Monseigneur, et j'ai réglé l'atmosphère à dix-huit degrés.

— Fort bien! mais voilà la demie qui sonne.

Le maréchal jeta un coup-d'œil sur la pendule.

— C'est quatre heures et demie, Monsieur.

— Oui; Monseigneur, et voilà un cheval qui entre dans la cour; c'est ma bouteille de vin de Tokay.

— Puissé-je être servi vingt ans encore de la sorte, dit le vieux maréchal en retournant à son miroir, tandis que le maître d'hôtel courait à son office.

— Vingt ans! dit une voix rieuse qui interrompit le duc juste au premier coup-d'œil jeté sur sa glace, vingt ans! mon cher maréchal, je vous les souhaite; mais alors j'en aurai soixante, duc, et je serai bien vieille.

— Vous, comtesse! s'écria le maréchal; vous la première! mon Dieu! que vous êtes toujours belle et fraîche!

— Dites que je suis gelée, duc.

— Passez, je vous prie, dans le boudoir.

— Oh! un tête-à-tête, maréchal?

— A trois, répondit une voix cassée.

— Tavernay! s'écria le maréchal. La peste du trouble fête! dit-il à l'oreille de la comtesse.

— Fat! murmura madame Dubarry, avec un grand éclat de rire.

Et tous trois passèrent dans la pièce voisine.

II

Lapeyrouse.

Au même instant le roulement sourd de plusieurs voitures sur les pavés ouatés de neige avertit le maréchal de l'arrivée de ses hôtes, et bientôt après, grâce à l'exactitude du maître d'hôtel, neuf convives prenaient place autour de la table ovale de la salle à manger : neuf laquais silencieux comme des ombres, agiles sans précipitation, prévenants sans importunité, glissant sur les tapis, passant entre les convives, sans jamais effleurer leurs bras, sans heurter jamais leurs fauteuils, fauteuils ensevelis dans une moisson de fourrures, où plongeaient jusqu'aux jarrets les jambes des convives.

Voilà ce que savouraient les hôtes du maréchal, avec la douce chaleur des poêles; le fumet des viandes, le bouquet des vins, et le bourdonnement des premières causeries après le potage.

Pas un bruit au dehors, les volets

avaient des sourdines ; pas un bruit audedans, excepté celui que faisaient les convives : des assiettes qui changeaient de place sans qu'on les entendît sonner, de l'argenterie qui passait des buffets sur la table sans une seule vibration, un maître d'hôtel dont on ne pouvait pas même surprendre le susurrement ; il donnait ses ordres avec les yeux.

Aussi, au bout de dix minutes les convives se sentirent-ils parfaitement seuls dans cette salle ; en effet, des serviteurs aussi muets, des esclaves aussi impalpables devaient nécessairement être sourds.

M. de Richelieu fut le premier qui rompit ce silence solennel, qui dure autant que le potage, en disant à son voisin de droite :

— Monsieur le comte ne boit pas.

Celui auquel s'adressait ces paroles était un homme de trente-huit ans, blond de cheveux, petit de taille, haut d'épaules ; son œil, d'un bleu clair, était vif parfois, mélancolique souvent : la noblesse était écrite en traits irrécusables sur son front ouvert et généreux.

— Je ne bois que de l'eau, Maréchal, répondit-il.

— Excepté chez le roi Louis XV, dit le duc. J'ai eu l'honneur d'y dîner avec monsieur le Comte, et cette fois il a daigné boire du vin.

— Vous me rappelez là un excellent souvenir, monsieur le Maréchal ; oui, en 1771, c'était du vin de Tokay du crû impérial.

—C'était le pareil de celui-ci que mon maître d'hôtel a l'honneur de vous verser en ce moment, monsieur le Comte, répondit Richelieu en s'inclinant.

Le comte de Haga leva le verre à la

hauteur de son œil et le regarda à la clarté des bougies.

Il étincelait dans le verre comme un rubis liquide.

— C'est vrai, dit-il, monsieur le Maréchal : merci.

Et le comte prononça ce mot *merci* d'un ton si noble et si gracieux, que les assistants électrisés se levèrent d'un seul mouvement en criant :

— Vive Sa Majesté !

— C'est vrai, répondit le comte de

Haga : vive Sa Majesté le roi de France !
N'êtes-vous pas de mon avis, monsieur
de Lapeyrouse?

— Monsieur le Comte, répondit le
capitaine avec cet accent à la fois caressant et respectueux de l'homme habitué
à parler aux têtes couronnées, je quitte
le roi il y a une heure, et le roi a été si
plein de bonté pour moi, que nul ne
criera plus haut — vive le roi — que je
ne le ferai. Seulement, comme dans une
heure je courrai la poste pour gagner la
mer, où m'attendent les deux flûtes que
le roi met à ma disposition, une fois hors
d'ici, je vous demanderai la permission

de crier vive un autre roi que j'aimerais fort à servir, si je n'avais un si bon maître.

Et en levant son verre, M. de Lapeyrouse salua humblement le comte de Haga.

— Cette santé que vous voulez porter, dit madame Dubarry, placée à la gauche du maréchal, nous sommes tous prêts, Monsieur, à y faire raison. Mais encore faut-il que notre doyen d'âge la porte, comme on dirait au parlement.

— Est-ce à toi que le propos s'adresse, Taverney, ou bien à moi? dit le maréchal en riant et en regardant son vieil ami.

— Je ne crois pas, dit un nouveau personnage placé en face du maréchal de Richelieu.

— Qu'est-ce que vous ne croyez pas, monsieur de Cagliostro ? dit le comte de Haga en attachant son regard perçant sur l'interlocuteur.

— Je ne crois pas, monsieur le Comte, dit Cagliostro en s'inclinant, que ce soit M. de Richelieu notre doyen d'âge.

— Oh! voilà qui va bien, dit le maréchal; il paraît que c'est toi, Taverney.

— Allons donc, j'ai huit ans moins que toi. Je suis de 1704, répliqua le vieux seigneur.

— Malhonnête, dit le maréchal, il dénonce mes quatre-vingt-huit ans.

— En vérité! monsieur le Duc, vous avez quatre-vingt-huit ans? fit M. de Condorcet.

— Oh! mon Dieu oui. C'est un calcul facile à faire, et par cela même indigne d'un algébriste de votre force, Marquis. Je suis de l'autre siècle, du grand siècle, comme on l'appelle: 1696, voilà une date!

— Impossible, dit de Launay.

— Oh! si votre père était ici, Monsieur le gouverneur de la Bastille, répliqua Richelieu, il ne dirait pas impossible, lui qui m'a eu pour pensionnaire en 1714.

— Le doyen d'âge ici, je le déclare, dit M. de Favras, c'est le vin que M. le comte de Haga verse en ce moment dans son verre.

— Un Tokay de cent vingt ans; vous avez raison, monsieur de Favras, répliqua le Comte. A ce Tokay l'honneur de porter la santé du roi.

— Un instant, Messieurs, dit Cagliostro en élevant au-dessus de la table sa large tête étincelante de vigueur et d'intelligence, je réclame.

— Vous réclamez sur le droit d'aînesse du Tokay? reprirent en chœur les convives.

— Assurément, dit le comte avec calme, puisque c'est moi-même qui l'ai cacheté dans sa bouteille.

— Vous?

— Oui, moi, et cela le jour de la victoire remportée par Montecuculli sur les Turcs, en 1664.

Un immense éclat de rire accueillit ces paroles, que Cagliostro avait prononcées avec une imperturbable gravité.

— A ce compte, Monsieur, dit madame Dubarry, vous avez quelque chose comme cent trente ans, car je vous accorde bien dix ans, pour avoir pu mettre ce bon vin dans sa grosse bouteille.

— J'avais plus de dix ans lorsque j'accomplis cette opération, Madame, puisque le surlendemain j'eus l'honneur d'être chargé par sa majesté l'empereur d'Autriche de féliciter Montecuculli, qui, par la victoire du Saint-Gothard, avait vengé la journée d'Especk en Esclavonie, journée où les mécréants battirent si rudement les impériaux mes amis et mes compagnons d'armes, en 1556.

— Eh! dit le comte de Haga aussi froidement que le faisait Cagliostro, Monsieur avait encore à cette époque dix ans au moins, puisqu'il assistait en personne à cette mémorable bataille.

— Une horrible déroute! monsieur le

comte, répondit Cagliostro en s'inclinant.

— Moins cruelle cependant que la déroute de Crécy, dit Condorcet en souriant.

— C'est vrai, Monsieur, dit Cagliostro en souriant, la déroute de Crécy fut une chose terrible en ce que ce fut non-seulement une armée, mais la France qui fut battue. Mais aussi, convenons-en, cette déroute ne fut pas une victoire tout-à-fait loyale de la part de l'Angleterre. Le roi Édouard avait des canons, circonstance parfaitement ignorée de Philippe de Valois, ou plutôt circonstance à laquelle Philippe de Valois n'avait pas voulu croire quoique je l'en eusse prévenu, quoique je lui eusse dit que de mes yeux j'avais vu ces quatre pièces d'artillerie qu'Édouard avait achetées des Vénitiens.

— Ah! ah! dit madame Dubarry, ah! vous avez connu Philippe de Valois?

— Madame, j'avais l'honneur d'être un des cinq seigneurs qui lui firent escorte en quittant le champ de bataille, répondit Cagliostro. J'étais venu en France avec le pauvre vieux roi de Bohême, qui était aveugle, et qui se fit tuer au moment où on lui dit que tout était perdu.

— Oh! mon Dieu, Monsieur! dit Lapeyrouse, vous ne sauriez croire combien je regrette qu'au lieu d'assister à la bataille de Crécy vous n'ayez pas assisté à celle d'Actium.

— Et pourquoi cela, Monsieur?

— Ah! parce que vous eussiez pu me donner des détails nautiques, qui, malgré la belle narration de Plutarque, me sont toujours demeurés fort obscurs.

— Lesquels, Monsieur? je serais heureux si je pouvais vous être de quelque utilité.

— Vous y étiez donc?

— Non : Monsieur, j'étais alors en Egypte. J'avais été chargé par la reine Cléopâtre de recomposer la bibliothèque d'Alexandrie; chose que j'étais plus qu'un autre à même de faire, ayant personnellement connu les meilleurs auteurs de l'antiquité.

— Et vous avez vu la reine Cléopâtre, monsieur de Cagliostro ? s'écria la comtesse Dubarry.

— Comme je vous vois, Madame.

— Était-elle aussi jolie qu'on le dit?

— Madame la comtesse, vous le savez, la beauté est relative. Charmante reine en Égypte, Cléopâtre n'eût pu être à Paris qu'une adorable grisette.

— Ne dites pas de mal des grisettes, monsieur le comte.

— Dieu m'en garde.

— Ainsi, Cléopâtre était...

— Petite, mince, vive, spirituelle,

avec de grands yeux en amende, un nez grec, des dents de perle, et une main comme la vôtre, Madame; une véritable main à tenir le sceptre. Tenez, voici un diamant qu'elle m'a donné et qui lui venait de son frère Ptolémée; elle le portait au pouce.

— Au pouce! s'écria madame Dubarry.

— Oui; c'était une mode égyptienne, et moi, vous le voyez, je puis à peine le passer à mon petit doigt.

Et tirant la bague, il la présenta à madame Dubarry.

C'était un magnifique diamant, qui pouvait valoir, tant son eau était merveilleuse, tant sa taille était habile, trente ou quarante mille francs.

Le diamant fit le tour de la table et revint à Cagliostro, qui le remit tranquillement à son doigt.

— Ah! je le vois bien, dit-il, vous êtes incrédule, incrédulité fatale que j'ai eu à combattre toute ma vie. Philippe de Valois n'a pas voulu me croire quand je lui ai dit d'ouvrir une retraite à Édouard; Cléopâtre n'a pas voulu me croire quand je lui ai dit qu'Antoine serait battu. Les

Troyens n'ont pas voulu me croire qnand je leur ai dit à propos du cheval de bois : — Cassandre est inspirée, écoutez Cassandre.

— Oh! mais c'est merveilleux, dit madame Dnbarry en se tordant de rire, et en vérité je n'ai jamais vu d'homme à la fois aussi sérieux et aussi divertissant que vous.

— Je vous assure, dit Cagliostro en s'inclinant, que Jonathas était bien plus divertissant encore que moi. Oh! le charmant compagnon! C'est au point que lorsqu'il fut tué par Saül, je faillis en devenir fou.

— Savez-vous que si vous continuez, comte, dit le duc de Richelieu, vous allez rendre fou lui-même ce pauvre Tavernay, qui a tant peur de la mort, qu'il vous regarde avec des yeux tout effarés en vous croyant immortel. Voyons, franchement, l'êtes-vous, oui, ou non?

— Immortel?

— Immortel.

— Je n'en sais rien, mais ce que je sais, c'est que je puis affirmer une chose.

— Laquelle? demanda Tavernay, le

plus avide de tous les auditeurs du comte.

— C'est que j'ai vu toutes les choses et hanté tous les personnages que je vous citais tout-à-l'heure.

— Vous avez connu Montecuculli?

— Comme je vous connais, monsieur de Favras, et même plus intimement, car c'est pour la deuxième ou troisième fois que j'ai l'honneur de vous voir, tandis que j'ai vécu près d'un an sous la même tente que l'habile stratégiste dont nous parlons.

— Vous avez connu Philippe de Valois?

— Comme j'ai eu l'honneur de vous le dire, monsieur de Condorcet, mais lui rentré à Paris, je quittai la France et retournai en Bohême.

— Cléopâtre?

— Oui, madame la comtesse, Cléopâtre. Je vous ai dit qu'elle avait les yeux noirs comme vous les avez, et la gorge presque aussi belle que la vôtre.

— Mais, Comte, vous ne savez pas comment j'ai la gorge?

— Vous l'avez pareille à celle de Cassandre, Madame, et pour que rien ne manque à la ressemblance, elle avait comme vous, ou vous avez comme elle, un petit signe noir à la hauteur de la sixième côte gauche.

— Oh! mais, comte, pour le coup vous êtes sorcier.

— Eh! non, marquise, fit le maréchal de Richelieu en riant, c'est moi qui le lui ai dit.

— Et comment le savez-vous ?

Le maréchal allongea les lèvres.

— Heu! dit-il, c'est un secret de famille.

— C'est bien, c'est bien, fit madame Dubarry... En vérité, maréchal, on a raison de mettre double couche de rouge quand on vient chez vous.

Puis se retournant vers Cagliostro :

— En vérité, Monsieur, dit-elle, vous avez donc le secret de rajeunir, car âgé de trois ou quatre mille ans, comme vous l'êtes, vous paraissez quarante ans à peine?

— Oui, Madame, j'ai le secret de rajeunir.

— Oh ! rajeunissez-moi donc, alors,

— Vous, Madame, c'est inutile, et le miracle est fait. On a l'âge que l'on paraît avoir, et vous avez trente ans au plus.

— C'est une galanterie.

— Non, Madame, c'est un fait.

— Expliquez-vous.

— C'est bien facile. Vous avez usé de mon procédé pour vous-même.

— Comment cela ?

— Vous avez pris de mon élixir.

— Moi ?

— Vous-même, Comtesse. Oh ! vous ne l'avez pas oublié.

— Oh ! par exemple !

— Comtesse, vous souvient-il d'une maison de la rue Saint-Claude ? vous souvient-il d'être venue dans cette maison pour certaine affaire concernant M. de Sartines ? vous souvient-il d'avoir rendu un service à l'un de mes amis nommé Joseph Balsamo ? vous souvient-il que Joseph Balsamo vous fit présent d'un flacon d'élixir en vous recommandant d'en prendre trois gouttes tous les matins? Vous souvient-il d'avoir suivi l'ordonnance jusqu'à l'an dernier, époque à laquelle le flacon s'était trouvé épuisé? Si vous ne vous souveniez plus de tout cela, comtesse, en vérité, ce ne serait plus un oubli, ce serait de l'ingratitude.

— Oh! monsieur de Cagliostro, vous me dites là des choses...

— Qui ne sont connues que de vous seule, je le sais bien. Mais où serait le mérite d'être sorcier, si l'on ne savait pas les secrets de son prochain?

— Mais Joseph Balsamo avait donc, comme vous, la recette de cet admirable élixir ?

— Non, Madame ; mais comme c'était un de mes meilleurs amis, je lui en avais donné trois ou quatre flacons.

— Et lui en reste-t-il encore ?

— Oh ! je n'en sais rien. Depuis trois ans le pauvre Balsamo a disparu. La dernière fois que je le vis, c'était en Amérique, sur les rives de l'Ohio ; il partait pour une expédition dans les montagnes Rocheuses, et depuis, j'ai entendu dire qu'il y était mort.

— Voyons, voyons, Comte, s'écria le maréchal; trève de galanteries, par grâce! Le secret, comte, le secret!

— Parlez-vous sérieusement, Monsieur? demanda le comte de Haga.

— Très sérieusement, Sire. Pardon, je veux dire monsieur le comte, et Cagliostro s'inclina de façon à indiquer que l'erreur qu'il venait de commettre était tout-à-fait volontaire.

— Ainsi, dit le maréchal, Madame n'est pas assez vieille pour être rajeunie?

— Non, en conscience.

—Eh bien! alors, je vais vous présenter un autre sujet. Voici mon ami Taverney. Qu'en dites-vous? N'a-t-il pas l'air d'être le contemporain de Ponce-Pilate? Mais peut-être est-ce tout le contraire, et est-il trop vieux, lui?

Cagliostro regarda le baron.

— Non pas, dit-il.

— Ah! mon cher comte, s'écria Richelieu, si vous rajeunissez celui-là, je vous proclame l'élève de Médée.

— Vous le désirez, demanda Cagliostro en s'adressant de la parole au maître de la maison, et des yeux à tout l'auditoire.

Chacun fit signe que oui.

— Et vous comme les autres, monsieur de Taverney?

— Moi plus que les autres, morbleu! dit le baron.

— Eh bien! c'est facile, dit Cagliostro.

Et il glissa ses deux doigts dans sa poche et en tira une petite bouteille octaèdre.

Puis, il prit un verre de cristal encore pur, et y versa quelques gouttes de la liqueur que contenait la petite bouteille.

Alors, étendant ces quelques gouttes dans un demi-verre de vin de Champagne glacé, il passa le breuvage ainsi préparé au baron.

Tous les yeux avaient suivi ses moindres mouvements, toutes les bouches étaient béantes.

Le baron prit le verre, mais au moment de le porter à ses lèvres, il hésita.

Chacun, à la vue de cette hésitation, se mit à rire si bruyamment, que Cagliostro s'impatienta.

— Dépêchez-vous, baron, dit-il, ou vous allez laisser perdre une liqueur dont chaque goutte vaut cent louis.

— Diable! fit Richelieu essayant de plaisanter; c'est autre chose que le vin de Tokay.

— Il faut donc boire? demanda le baron presque tremblant.

— Ou passer le verre à un autre, Monsieur, afin que l'élixir profite au moins à quelqu'un.

— Passe, dit le duc de Richelieu en tendant la main.

Le baron flaira son verre, et décidé sans doute par l'odeur vive et balsamique, par la belle couleur rosée que les quelques gouttes d'élixir avaient communiquée au vin de Champagne, il avala la liqueur magique.

Au même instant, il lui sembla qu'un frisson secouait son corps et faisait refluer vers l'épiderme tout le sang vieux et lent qui dormait dans ses veines, depuis les pieds jusqu'au cœur. Sa peau ridée se tendit, ses yeux flasquement couverts par le voile de leurs paupières furent dilatés sans que la volonté y prît part. La prunelle joua vive et grande, le tremblement de ses mains fit place à un aplomb nerveux; sa voix s'affermit, et ses genoux, redevenus élastiques comme aux plus beaux jours de sa jeunesse, se dressèrent en même temps que les reins; et cela comme si la liqueur, en descendant, avait régénéré tout ce corps de l'une à l'autre extrémité.

Un cri de surprise, de stupeur, un cri

d'admiration surtout retentit dans l'appartement. Taverney, qui mangeait du bout des gencives, se sentit affamé. Il prit vigoureusement assiette et couteau, se servit d'un ragoût placé à sa gauche, et broya des os de perdrix en disant qu'il sentait repousser ses dents de vingt ans.

Il mangea, rit, but, et cria de joie pendant une demi-heure; et pendant cette demi-heure les autres convives restèrent stupéfaits en le regardant; puis peu à peu il baissa comme une lampe à laquelle l'huile vient à manquer. Ce fut d'abord son front, où les anciens plis un instant disparus se creusèrent en rides nouvelles; ses yeux se voilèrent et s'obscurcirent. Il perdit le goût, puis son dos se voûta. Son appétit disparut; ses genoux recommencèrent à trembler.

— Oh! fit-il en gémissant.

— Eh bien! demandèrent tous les convives.

— Eh bien! adieu la jeunesse.

Et il poussa un profond soupir accompagné de deux larmes qui vinrent humecter sa paupière.

Instinctivement et à ce triste aspect du vieillard rajeuni d'abord et redevenu plus vieux ensuite par ce retour de jeunesse, un soupir pareil à celui qu'avait poussé Taverney sortit de la poitrine de chaque convive.

— C'est tout simple, Messieurs, dit Cagliostro, je n'ai versé au baron que trente-cinq gouttes de l'élixir de vie, et il n'a rajeuni que trente-cinq minutes.

— Oh! encore! encore! comte, murmura le vieillard avec avidité.

— Non, Monsieur, car une seconde

épreuve vous tuerait peut-être, répondit Cagliostro.

De tous les convives, c'était madame Dubarry qui, connaissant la vertu de cet élixir, avait suivi le plus curieusement les détails de cette scène.

A mesure que la jeunesse et la vie gonflaient les artères du vieux Taverney, l'œil de la comtesse suivait dans les artères la progression de la jeunesse et de la vie. Elle riait, elle applaudissait, elle se régénérait par la vue.

Quand le succès du breuvage atteignit

son apogée, la comtesse faillit se jeter sur la main de Cagliostro pour lui arracher le flacon de vie.

Mais en ce moment, comme Taverney vieillissait plus vite qu'il n'avait rajeuni !..

— Hélas! je le vois bien, dit-elle tristement, tout est vanité, tout est chimère, le secret merveilleux a duré trente-cinq minutes.

— C'est-à-dire, reprit le comte de Haga, que pour se donner une jeunesse de deux ans, il faudrait boire un fleuve.

Chacun se mit à rire.

— Non, dit Condorcet, le calcul est simple, à trente-cinq gouttes pour trente-cinq minutes : c'est une misère de trois millions cent-cinquante-trois mille six gouttes, si l'on veut rester jeune un an.

— Une inondation, dit Lapeyrouse.

— Et cependant, à votre avis, Monsieur, il n'en a pas été ainsi de moi, puisqu'une petite bouteille, quatre fois grande comme votre flacon, et que m'avait donné votre ami Joseph Balsamo, a suffi pour arrêter chez moi la marche du temps pendant dix années.

— Justement, Madame, et vous seule

touchez du doigt la mystérieuse réalité.

L'homme qui a vieilli et trop vieilli a besoin de cette quantité pour qu'un effet immédiat et puissant se produise. Mais une femme de trente ans, comme vous les avez, Madame, ou un homme de quarante ans, comme je les avais quand nous avons commencé à boire l'élixir de vie, cette femme ou cet homme, pleins de jours et de jeunesse encore, n'ont besoin que de boire dix gouttes de cette eau à chaque période de décadence, et moyennant ces dix gouttes, celui ou celle qui les boira enchaînera éternellement la jeunesse et la vie au même degré de charme et d'énergie.

— Qu'appelez-vous les périodes de décadence? demanda le comte de Haga.

— Les périodes naturelles, monsieur le Comte. Dans l'état de nature, les forces de l'homme croissent jusqu'à trente-cinq ans. Arrivé là, il reste stationnaire jusqu'à quarante. A partir de quarante, il commence à décroître, mais presque imperceptiblement jusqu'à cinquante. Alors, les périodes se rapprochent et se précipitent jusqu'au jour de la mort. En état de civilisation, c'est-à-dire lorsque le corps est usé par les excès, les soucis et les maladies, la croissance s'arrête à trente ans. La décroissance commence à trente-cinq. Eh bien! c'est alors, homme de la nature ou homme des villes, qu'il faut saisir la nature au moment où elle est stationnaire, afin de s'opposer à son mouvement de décroissance, au moment même où il tentera de s'opérer. Celui qui, possesseur du secret de cet élixir, comme je le suis, sait combiner l'attaque de façon à la surprendre et à l'arrêter dans son retour sur elle-même, celui-là vivra comme je vis, toujours jeune ou du moins assez jeune pour ce qu'il lui convient de faire en ce monde.

— Eh! mon Dieu! monsieur de Cagliostro, s'écria la comtesse, pourquoi donc alors, puisque vous étiez le maître de choisir votre âge, n'avez-vous pas choisi vingt ans au lieu de quarante?

— Parce que, madame la Comtesse, dit en souriant Cagliostro, il me convient d'être toujours un homme de quarante ans, sain et complet, plutôt qu'un jeune homme incomplet de vingt ans.

— Oh! oh! fit la comtesse.

— Eh! sans doute, Madame, continua Cagliostro, à vingt ans on plaît aux femmes de trente; à quarante ans on gouverne les femmes de vingt et les hommes de soixante.

— Je cède, Monsieur, dit la comtesse. D'ailleurs, comment discuter avec une preuve vivante.

— Alors moi, dit piteusement Taverney, je suis condamné ; je m'y suis pris trop tard.

— M. de Richelieu a été plus habile que vous, dit naïvement Lapeyrouse avec sa franchise de marin, et j'ai toujours ouï dire que le maréchal avait certaine recette...

— C'est un bruit que les femmes ont répandu, dit en riant le comte de Haga.

— Est-ce une raison pour n'y pas croire, Duc, demanda madame Dubarry.

Le vieux maréchal rougit, lui qui ne rougissait guère.

Et aussitôt :

— Ma recette, voulez-vous savoir, Messieurs, en quoi elle a consisté?

— Oui, certes, nous voulons le savoir.

— Eh bien ! à me ménager.

— Oh! oh! fit l'assemblée.

— C'est comme cela, fit le maréchal.

— Je contesterais la recette, répondit la comtesse, si je ne venais de voir l'effet de celle de M. de Cagliostro. Aussi, tenez-vous bien, Monsieur le sorcier, je ne suis pas au bout de mes questions.

— Faites, Madame, faites.

— Vous disiez donc que lorsque vous avez fait pour la première fois usage de votre élixir de vie, vous aviez quarante ans?

— Oui, Madame.

— Et que depuis cette époque, c'est-à-dire depuis le siège de Troie...

— Un peu auparavant, Madame.

— Soit; vous avez conservé quarante ans?

— Vous le voyez.

— Mais alors vous nous prouvez, Monsieur, dit Condorcet, plus que votre théorème ne le comporte...

— Que vous prouvai-je, monsieur le marquis?

— Vous nous prouvez non-seulement la perpétration de la jeunesse, mais la conservation de la vie. Car si vous avez quarante ans depuis la guerre de Troie, c'est que vous n'êtes jamais mort.

— C'est vrai, monsieur le marquis, je ne suis jamais mort, je l'avoue humblement.

— Mais cependant, vous n'êtes pas invulnérable comme Achille, et encore quand je dis invulnérable comme Achille, Achille n'était pas invulnérable, puisque Pâris le tua d'une flèche dans le talon.

— Non, je ne suis pas invulnérable, et cela à mon grand regret, dit Cagliostro.

— Alors vous pouvez être tué, mourir de mort violente ?

— Hélas ! oui.

—Comment avez-vous fait pour échapper aux accidents depuis trois mille cinq cents ans, alors ?

— C'est une chance, monsieur le comte ; veuillez suivre mon raisonnement.

— Je le suis.

—Nous le suivons.

— Oui! oui! répétèrent tous les convives.

Et avec des signes d'intérêt non équivoques, chacun s'accouda sur la table et se mit à écouter.

La voix de Cagliostro rompit le silence.

— Quelle est la première condition de la vie ? dit-il en développant, par un geste élégant et facile, deux belles mains blanches chargées de bagues, parmi lesquelles celle de la reine Cléopâtre brillait comme l'étoile polaire. La santé, n'est-ce pas ?

— Oui, certes, répondirent toutes les voix.

— Et la condition de la santé, c'est….

— Le régime, dit le comte de Haga.

— Vous avez raison, monsieur le comte, c'est le régime qui fait la santé. Eh bien ! pourquoi ces gouttes de mon élixir ne constitueraient-elles pas le meilleur régime possible !

— Qui le sait ?

— Vous, Comte.

— Oui, sans doute, mais…

— Mais pas d'autres, fit madame Dubarry.

— Cela, Madame, c'est une question que nous traiterons tout à l'heure. Donc, j'ai toujours suivi le régime de mes gouttes, et comme elles sont la réalisation du rêve éternel des hommes de tout temps, comme elles sont ce que les anciens cherchaient sous le nom d'eau de jeunesse, ce que les modernes ont cherché sous le nom d'élixir de vie, j'ai constamment conservé ma jeunesse; par conséquent, ma santé; par conséquent, ma vie. C'est clair.

— Mais cependant tout s'use, comte,

le plus beau corps comme les autres.

— Celui de Pâris comme celui de Vulcain, dit la comtesse.

— Vous avez sans doute connu Pâris, monsieur de Cagliostro?

— Parfaitement, Madame; c'était un fort joli garçon; mais en somme il ne mérite pas tout à fait ce qu'Homère en dit et ce que les femmes en pensent. D'abord il était roux.

— Roux! oh! fi! l'horreur! dit la comtesse.

— Malheureusement, dit Cagliostro, Hélène n'était pas de votre avis, Madame. Mais revenons à notre élixir.

— Oui, oui, dirent toutes les voix.

— Vous prétendiez donc, monsieur de Taverney, que tout s'use. Soit. Mais vous savez aussi que tout se raccommode, tout se régénère ou se remplace, comme vous voudrez. Le fameux couteau de saint Hubert, qui a tant de fois changé de lame et de poignée, en est un exemple; car, malgré ce double changement, il est resté le couteau de saint Hubert. Le vin que conservent dans leur cellier les moines d'Heidelberg est toujours le même vin, cependant on verse chaque année dans la tonne gigantesque une récolte nouvelle. Aussi le vin des moines d'Heidelberg est-il toujours clair, vif et savoureux, tandis que le vin cacheté par Opimus et moi dans des amphores de terre n'était plus, lorsque, cent ans après, j'essayai d'en boire, qu'une boue épaisse, qui peut-être pouvait être mangée, mais qui certes ne pouvait pas être bue.

Eh bien, au lieu de suivre l'exemple d'Opimus, j'ai deviné celui que devaient donner les moines d'Heidelberg. J'ai entretenu mon corps en y versant chaque année de nouveaux principes, chargés d'y régénérer les vieux éléments. Chaque matin un atôme jeune et frais a remplacé dans mon sang, dans ma chair, dans mes os une molécule usée, inerte.

J'ai ranimé les détritus par lesquels l'homme vulgaire laisse envahir insensiblement toute la masse de son être : j'ai forcé tous ces soldats que Dieu a donnés à la nature humaine pour se défendre contre la destruction, soldats que le commun des créatures réforme ou laisse se paralyser dans l'oisiveté, je les ai forcés à un travail soutenu que facilitait, que commandait même l'introduction d'un stimulant toujours nouveau ; il résulte de cette étude assidue de la vie, que ma pensée, mes gestes, mes nerfs, mon cœur, mon âme, n'ont jamais désappris leurs fonctions ; et comme tout s'enchaîne dans ce monde, comme ceux-là réussissent le mieux à une chose qui font toujours cette chose, je me suis trouvé naturellement plus habile que tout autre à éviter les dangers d'une existence de trois mille années, et cela parce que j'ai réussi à prendre de tout une telle expérience que je prévois les désavantages, que je sens les dangers d'une position quelconque. Ainsi, vous ne me ferez pas entrer dans une maison qui risque de s'écrouler. Oh! non, j'ai vu trop de maisons pour ne pas, du premier coup-d'œil, distinguer les bonnes des mauvaises. Vous ne me ferez pas chasser avec un maladroit qui manie mal son fusil. Depuis Céphale qui tua sa femme Procris, jusqu'au régent qui creva l'œil de M. le prince, j'ai vu trop de maladroits; vous ne me ferez pas prendre à la guerre tel ou tel poste que le premier venu acceptera, attendu que j'aurai calculé en un instant toutes les lignes droites et toutes les lignes paraboliques qui aboutissent d'une façon mortelle à ce poste. Vous me direz qu'on ne prévoit pas une balle perdue. — Je vous répondrai qu'un homme ayant évité un million de coups de fusil n'est pas excusable de se laisser tuer par une balle perdue. Ah! ne faites pas de geste d'incrédulité, car enfin je suis là comme une preuve vivante. Je ne vous dis pas que je suis immortel; je vous dis seulement que je sais ce que personne ne sait, c'est-à-dire éviter la mort quand elle vient par accident. Ainsi, par exemple, pour rien au monde je ne resterais un quart d'heure seul ici avec M. de Launay, qui pense en ce moment que s'il me tenait dans un de ses cabanons de la Bastille, il expérimenterait mon immortalité à l'aide de la

faim. Je ne resterais pas non plus avec
M. de Condorcet, car il pense en ce moment à jeter dans mon verre le contenu
de la bague qu'il porte à l'index de la
main gauche, et ce contenu c'est du poison, le tout sans méchante intention aucune, mais par manière de curiosité
scientifique, pour savoir tout simplement si j'en mourrais.

Les deux personnages que venait de
nommer le comte de Cagliostro firent
un mouvement.

— Avouez-le hardiment, M. de Launay, nous ne sommes pas une cour de justice, et d'ailleurs on ne punit pas l'intention. Voyons, avez-vous pensé à ce que je viens de dire ? et vous, monsieur de Condorcet, avez-vous réellement dans cet anneau un poison que vous voudriez me faire goûter, au nom de votre maîtresse bien-aimée la science ?

— Ma foi! dit M. de Launay en riant et en rougissant, j'avoue que vous avez raison, monsieur le comte, c'était folie. Mais cette folie m'a passé par l'esprit juste au moment même où vous m'accusiez.

— Et moi, dit Condorcet, je ne serai

pas moins franc que M. de Launay. J'ai songé effectivement que si vous goûtiez de ce que j'ai dans ma bague, je ne donnerais pas une obole de votre immortalité.

Un cri d'admiration partit de la table à l'instant même.

Cet aveu donnait raison, non pas à l'immortalité, mais à la pénétration du comte de Cagliostro.

— Vous voyez bien, dit tranquillement Cagliostro, vous voyez bien que j'ai deviné. Eh bien ! il en est de même de tout ce qui doit arriver. L'habitude de vivre m'a révélé au premier coup-d'œil le passé et l'avenir des gens que je vois.

Mon infaillibilité sur ce point est telle, qu'elle s'étend aux animaux, à la matière inerte. Si je monte dans un carrosse, je vois à l'air des chevaux qu'ils s'emporteront, à la mine du cocher qu'il me versera ou m'accrochera ; si je m'embarque sur un navire, je devine que le capitaine sera un ignorant ou un entêté, et que par conséquent il ne pourra ou il ne voudra pas faire la manœuvre nécessaire. J'évite alors le cocher et le capitaine ; je laisse les chevaux comme le navire. Je ne nie pas le hasard, je l'amoindris ; au lieu de lui laisser cent chances comme fait tout le monde, je lui en ôte quatre-vingt-dix-neuf, et je me défie de la centième. Voilà à quoi me sert d'avoir vécu trois mille ans.

— Alors, dit en riant Lapeyrouse au milieu de l'enthousiasme ou du désappointement soulevé par les paroles de Cagliostro, alors, mon cher prophète, vous devriez bien venir avec moi jusqu'aux embarcations qui doivent me faire faire le tour du monde. Vous me rendriez un signalé service.

Cagliostro ne répondit rien.

—Monsieur le maréchal, continua en riant le navigateur, puisque M. le comte de Cagliostro, et je comprends cela, ne veut pas quitter si bonne compagnie,—il faut que vous me permettiez de le faire.

— Pardonnez-moi, monsieur le comte de Haga, pardonnez-moi, Madame, mais voilà sept heures qui sonnent, et j'ai promis au roi de monter en chaise à sept heures et un quart. Maintenant, puisque M. le comte de Cagliostro n'est pas tenté de venir voir mes deux flûtes, qu'il me dise au moins ce qui m'arrivera de Versailles à Brest. De Brest au pôle, je le tiens quitte, c'est mon affaire. Mais, pardieu! de Versailles à Brest, il me doit une consultation.

Cagliostro regarda encore une fois Lapeyrouse, et d'un œil si mélancolique, avec un air si doux et si triste à la fois, que la plupart des convives en furent frappés étrangement. Mais le navigateur ne remarqua rien. Il prenait congé des convives ; ses valets lui faisaient endosser une lourde houppelande de fourrures, et madame Dubarry glissait dans sa poche quelques-uns de ces cordiaux exquis qui sont si doux au voyageur, auxquels cependant le voyageur ne pense presque jamais de lui-même et qui lui rappellent les amis absents pendant les longues nuits d'une route accomplie par une atmosphère glaciale.

Lapeyrouse, toujours riant, salua respectueusement le comte de Haga et tendit la main au vieux maréchal.

— Adieu, mon cher Lapeyrouse, lui dit le duc de Richelieu.

— Non pas, Monsieur le duc, au revoir, répondit Lapeyrouse. Mais, en vérité, on dirait que je pars pour l'éternité : le tour du monde à faire, voilà tout, quatre ou cinq ans d'absence, pas davantage; il ne faut pas se dire adieu pour cela.

— Quatre ou cinq ans! s'écria le maréchal. Eh! Monsieur, pourquoi ne dites-vous pas quatre ou cinq siècles? Les jours sont des années à mon âge, adieu, vous dis-je.

— Bah! demandez au devin, dit Lapeyrouse en riant; il vous promet vingt ans encore. N'est-ce pas, monsieur de Cagliostro? Ah! comte, que ne m'avez-vous parlé plus tôt de vos divines gouttes? à quelque prix que ce fût, j'en eusse embarqué une tonne sur l'*Astrolabe*. C'est le nom de mon bâtiment, Messieurs. Madame, encore un baiser sur votre belle main, la plus belle que je sois bien certainement destiné à voir d'ici à mon retour. — Au revoir !

Et il partit.

Cagliostro gardait toujours le même silence de mauvais augure.

On entendit le pas du capitaine sur les degrés sonores du perron, sa voix toujours gaie dans la cour, et ses derniers compliments aux personnes rassemblées pour le voir.

Puis les chevaux secouèrent leurs têtes chargées de grelots, la portière de la chaise se ferma avec un bruit sec, et les roues grondèrent sur le pavé de la rue.

Lapeyrouse venait de faire le premier pas dans ce voyage mystérieux dont il ne devait pas revenir.

III

Lapeyrouse (*Suite*).

Chacun écoutait.

Lorsqu'on n'entendit plus rien, tous les regards se trouvèrent comme par une force supérieure ramenés sur Cagliostro.

Il y avait en ce moment sur les traits

de cet homme une illumination pythique qui fit tressaillir les convives.

Un silence étrange dura quelques instants.

Le comte de Haga le rompit le premier.

— Et pourquoi ne lui avez-vous rien répondu, Monsieur?

Cette interrogation était l'expression de l'anxiété générale.

Cagliostro tressaillit comme si cette demande l'avait tiré de sa contemplation.

— Parce que, dit-il en répondant au comte, il m'eût fallu lui dire un mensonge ou une dureté.

— Comment cela ?

— Parce qu'il m'eût fallu lui dire : Monsieur de Lapeyrouse, M. le duc de de Richelieu a raison de vous dire adieu et non pas au revoir.

— Eh mais, fit Richelieu pâlissant, que diable ! monsieur Cagliostro, dites-vous donc là de Lapeyrouse ?

— Oh ! rassurez-vous, monsieur le Maréchal, reprit vivement Cagliostro, ce n'est pas pour vous que la prédiction est triste.

— Eh quoi! s'écria madame Dubarry, ce pauvre Lapeyrouse qui vient de me baiser la main...

— Non seulement ne vous la baisera plus, Madame, mais ne reverra jamais ceux qu'il vient de quitter ce soir, dit Cagliostro en considérant attentivement son verre plein d'eau, et dans lequel, par la façon dont il était placé, se jouaient des couches lumineuses d'une couleur d'opale, coupées transversalement par les ombres des objets environnants.

Un cri d'étonnement sortit de toutes les bouches.

La conversation en était venue à ce point que chaque minute faisait grandir l'intérêt; on eût dit, à l'air grave, solennel et presque anxieux avec lequel les assistants interrogeaient Cagliostro, soit de la voix, soit du regard, qu'il s'agissait des prédictions infaillibles d'un oracle antique.

Au milieu de cette préoccupation, M. de Favras, résumant le sentiment général, se leva, fit un signe, et s'en alla sur la pointe du pied écouter dans les antichambres si quelque valet ne guettait pas.

Mais c'était, nous l'avons dit, une maison bien tenue que celle de M. le maréchal de Richelieu, et M. de Favras ne trouva dans l'antichambre qu'un vieil intendant qui, sévère comme une sentinelle à un poste perdu, défendait les abords de la salle à manger à l'heure solennelle du dessert.

Il revint prendre sa place, et s'assit en faisant signe aux convives qu'ils étaient bien seuls.

— En ce cas, dit madame Dubarry,

répondant à l'assurance de M. de Favras comme si elle eût été émise à haute voix, en ce cas, racontez-nous ce qui attend ce pauvre Lapeyrouse.

Cagliostro secoua la tête.

— Voyons, voyons, monsieur de Cagliostro! dirent les hommes.

— Oui, nous vous en prions du moins.

— Eh bien, M. de Lapeyrouse part, comme il vous l'a dit, dans l'intention de faire le tour du monde, et pour continuer les voyages de Cook, du pauvre

Cook! vous le savez, assassiné aux îles Sandwich.

— Oui! oui! nous savons, firent toutes les têtes plutôt que toutes les voix.

— Tout présage un heureux succès à l'entreprise. C'est un bon marin que M. de Lapeyrouse; d'ailleurs le roi Louis XVI lui a habilement tracé son itinéraire.

— Oui, interrompit le comte de Haga, le roi de France est un habile géographe; n'est-il pas vrai monsieur de Condorcet?

— Plus habile géographe qu'il n'est besoin pour un roi, répondit le marquis. Les rois ne devraient tout connaître qu'à la surface. Alors ils se laisseraient peut-être guider par les hommes qui connaissent le fond.

— C'est une leçon, monsieur le Marquis, dit en souriant M. le comte de Haga.

Condorcet rougit.

— Oh ! non, monsieur le Comte, dit-il, c'est une simple réflexion, une généralité philosophique.

— Donc il part, dit madame Dubarry,

empressée à rompre toute conversation particulière, disposée à faire dévier du chemin qu'elle avait pris la conversation générale.

— Donc il part, reprit Cagliostro. Mais ne croyez pas, si pressé qu'il vous ait paru, qu'il va partir tout de suite ; non, je le vois perdant beaucoup de temps à Brest.

— C'est dommage, dit Condorcet, c'est l'époque des départs. Il est même déjà un peu tard, février ou mars aurait mieux valu.

— Oh! ne lui reprochez pas ces deux

ou trois mois, monsieur de Condorcet,
il vit au moins pendant ce temps, il vit
et il espère.

— On lui a donné bonne compagnie,
je suppose? dit Richelieu.

— Oui, dit Cagliostro, celui qui commande le second bâtiment est un officier
distingué. Je le vois, jeune encore, aventureux, brave malheureusement.

— Quoi! malheureusement!

— Eh bien! un an après je cherche
cet ami, et ne le vois plus, dit Cagliostro
avec inquiétude en consultant son verre.

Nul de vous n'est parent ni allié de M. de Langle ?

— Non.

— Nul ne le connaît?

— Non.

— Eh bien ! la mort commencera par lui. Je ne le vois plus.

Un murmure d'effroi s'échappa de la poitrine des assistants.

— Mais lui... lui... Lapeyrouse?... dirent plusieurs voix haletantes.

— Il vogue, il aborde, il se rembarque. Un an, deux ans de navigation heureuse. On reçoit de ses nouvelles *. Et puis...

— Et puis ?

— Les années passent.

— Enfin ?

— Enfin l'Océan est grand, le ciel est sombre. Çà et là surgissent des terres inexplorées, çà et là des figures hideuses comme les monstres de l'archipel grec.

---

* L'officier qui apporta les dernières nouvelles que l'on reçut de Lapeyrouse fut M. de Lesseps, le seul homme de l'expédition qui revit la France.

Elles guettent le navire qui fuit dans la brume entre les récifs, emporté par le courant; enfin la tempête, la tempête plus hospitalière que le rivage, puis des feux sinistres. Oh! Lapeyrouse! Lapeyrouse! Si tu pouvais m'entendre, je te dirais : tu pars comme Christophe Colomb pour découvrir un monde : Lapeyrouse, défie-toi des îles inconnues!

Il se tut.

Un frisson glacial courait dans l'assemblée, tandis qu'au-dessus de la table vibraient encore ses dernières paroles.

— Mais pourquoi ne pas l'avoir averti?

s'écria le comte de Haga, subissant comme les autres l'influence de cet homme extraordinaire qui remuait tous les cœurs à son caprice.

— Oui, oui, dit madame Dubarry. Pourquoi ne pas courir, pourquoi ne pas le rattraper ; la vie d'un homme comme Lapeyrouse vaut bien le voyage d'un courrier, mon cher Maréchal.

Le maréchal comprit et se leva à demi pour sonner.

Cagliostro étendit le bras.

Le maréchal retomba dans son fauteuil.

— Hélas! continua Cagliostro, tout avis serait inutile, l'homme qui prévoit la destinée ne change pas la destinée. M. de Lapeyrouse rirait, s'il avait entendu mes paroles, comme riaient les fils de Priam quand prophétisait Cassandre; mais tenez, vous riez vous-même, monsieur le Comte de Haga, et le rire va gagner vos compagnons. Oh! ne vous contraignez pas, monsieur de Cordorcet, ne vous contraignez pas, monsieur de Favras; je n'ai jamais trouvé un auditeur crédule.

— Oh! nous croyons, s'écrièrent madame Dubarry et le vieux duc de Richelieu.

— Je crois, murmura Taverney.

— Moi aussi, dit poliment le comte de Haga.

— Oui, reprit Cagliostro, vous croyez, vous croyez, parce qu'il s'agit de Lapeyrouse, mais s'il s'agissait de vous, vous ne croiriez pas?

— Oh!

— J'en suis sûr.

— J'avoue que ce qui me ferait croire, dit le comte de Haga, ce serait que M. de Cagliostro eût dit à M. de Lapeyrouse : Gardez-vous des îles inconnues. Il s'en fût gardé alors. C'était toujours une chance.

— Je vous assure que non, monsieur le Comte, et m'eût-il cru, voyez ce que cette révélation avait d'horrible, alors qu'en présence du danger, à l'aspect de ces îles inconnues qui doivent lui être fatales, le malheureux, crédule à ma prophétie, eût senti la mort mystérieuse qui le menace s'approcher de lui sans la pouvoir fuir. Ce n'est point une mort, ce sont mille morts qu'il eût alors souffertes ; car c'est souffrir mille morts que de marcher dans l'ombre avec le désespoir à ses côtés. L'espoir que je lui enlevais, songez-y donc, c'est la dernière consolation que le malheureux garde sous le couteau, alors que déjà le couteau le touche, qu'il sent le tranchant de l'acier, que son sang coule. La vie s'éteint, l'homme espère encore.

— C'est vrai! dirent à voix basse quelques-uns des assistants.

— Oui, continua Condorcet, le voile qui couvre la fin de notre vie est le seul bien réel que Dieu ait fait à l'homme sur la terre.

— Eh bien! quoi qu'il en soit, dit le

comte de Haga, s'il m'arrivait d'entendre dire par un homme comme vous : Défiez-vous de tel homme ou de telle chose, je prendrais l'avis pour bon, et je remercierais le conseiller.

Cagliostro secoua doucement la tête, en accompagnant ce geste d'un triste sourire.

— En vérité, monsieur de Cagliostro, continua le comte, avertissez-moi, et je vous remercierai.

— Vous voudriez que je vous disse, à vous, ce que je n'ai point voulu dire à M. de Lapeyrouse ?

— Oui, je le voudrais.

Cagliostro fit un mouvement comme s'il allait parler; puis s'arrêtant:

— Oh! non, dit-il, Monsieur le comte, non.

— Je vous en supplie.

Cagliostro détourna la tête.

— Jamais! murmura-t-il.

— Prenez-garde dit le comte avec un sourire, vous allez encore me rendre incrédule.

— Mieux vaut l'incrédulité que l'angoisse.

— Monsieur de Cagliostro, dit gravement le comte, vous oubliez une chose.

— Laquelle? demanda respectueusement le prophète.

— C'est que, s'il est certains hommes qui, sans inconvénient, peuvent ignorer leur destinée, il en est d'autres qui auraient besoin de connaître l'avenir, attendu que leur destinée importe non-seulement à eux, mais à des millions d'hommes.

— Alors, dit Cagliostro, un ordre. Non, je ne ferai rien sans un ordre.

— Que voulez-vous dire ?

— Que Votre Majesté commande, dit Cagliostro à voix basse, et j'obéirai.

— Je vous commande de me révéler ma destinée, monsieur de Cagliostro, reprit le roi avec une majesté pleine de courtoisie.

En même temps comme le comte de Haga s'était laissé traiter en roi et avait rompu l'incognito en donnant un ordre, M. de Richelieu se leva, vint humblement saluer le prince, et lui dit :

— Merci pour l'honneur que le roi de Suède a fait à ma maison, Sire; que Votre Majesté veuille prendre la place d'honneur. A partir de ce moment elle ne peut plus appartenir qu'à vous.

— Restons, restons comme nous sommes, monsieur le maréchal, et ne perdons pas un mot de ce que M. le comte de Cagliostro va me dire.

— Aux rois on ne dit pas la vérité, Sire.

— Bah! je ne suis pas dans mon

royaume. Reprenez votre place, monsieur le duc; parlez, monsieur de Cagliostro; je vous en conjure.

Cagliostro jeta les yeux sur son verre; des globules pareils à ceux qui traversent le vin de Champagne montaient du fond à la surface; l'eau semblait, attirée par son regard puissant, s'agiter sous sa volonté.

— Sire, dites-moi ce que vous voulez savoir, dit Cagliostro; me voilà prêt à vous répondre.

— Dites-moi de quelle mort je mourrai.

— D'un coup de feu, Sire.

Le front de Gustave rayonna.

— Ah! dans une bataille, dit-il, de la mort d'un soldat. Merci, monsieur de Cagliostro, cent fois merci. Oh! je prévois des batailles, et Gustave-Adolphe et Charles XII m'ont montré comment l'on mourait lorsqu'on est roi de Suède.

Cagliostro baissa la tête sans répondre.

Le comte de Haga fronça le sourcil.

— Oh! oh! dit-il, n'est-ce pas dans

une bataille que le coup de feu sera tiré?

— Non, Sire.

— Dans une sédition, oui, c'est encore possible.

— Ce n'est point dans une sédition.

— Mais où sera-ce donc?

— Dans un bal, Sire.

Le roi devint rêveur.

Cagliostro, qui s'était levé, se rassit et laissa tomber sa tête dans ses deux mains où elle s'ensevelit.

Tous pâlissaient autour de l'autéur de la prophétie et de celui qui en était l'objet.

M. de Condorcet s'approcha du verre d'eau dans lequel le devin avait lu le sinistre augure, le prit par le pied, le souleva à la hauteur de son œil et en examina soigneusement les facettes brillantes et le contenu mystérieux.

On voyait cet œil intelligent, mais froid scrutateur, demander au double cristal solide et liquide la solution d'un problème que sa raison à lui réduisait à la valeur d'une spéculation purement physique.

En effet, le savant supputait la profondeur, les réfractions lumineuses et les jeux microscopiques de l'eau. Il se demandait, lui qui voulait une cause à tout, la cause et le prétexte de ce charlatanisme exercé sur des hommes de la valeur de ceux qui entouraient cette table, par un homme auquel on ne pouvait refuser une portée extraordinaire.

Sans doute il ne trouva point la solution de son problème, car il cessa d'examiner le verre, le replaça sur la table, et, au milieu de la stupéfaction résultant du pronostic de Cagliostro :

— Eh bien! moi aussi, dit-il, je prierai notre illustre prophète d'interroger son miroir magique. Malheureusement, moi, ajouta-t-il, je ne suis pas un seigneur puissant, je ne commande pas, et ma vie obscure n'appartient point à des millions d'hommes.

— Monsieur, dit le comte de Haga, vous commandez au nom de la science, et votre vie importe non-seulement à un peuple, mais à l'humanité.

— Merci, monsieur le Comte; mais peut-être votre avis sur ce point n'est-il point celui de M. de Cagliostro.

Cagliostro releva la tête, comme fait un coursier sous l'aiguillon.

— Si fait, Marquis, dit-il avec un commencement d'irritabilité nerveuse, que dans les temps antiques on eût attribué à l'influence du dieu qui le tourmentait. Si fait, vous êtes un seigneur puissant dans le royaume de l'intelligence. Voyons, regardez-moi en face; vous aussi, souhaitez-vous sérieusement que je vous fasse une prédiction?

— Sérieusement, monsieur le Comte, reprit Condorcet, sur l'honneur, on ne peut plus sérieusement.

— Eh bien! Marquis, dit Cagliostro d'une voix sourde et en abaissant la paupière sur son regard fixe, vous mourrez du poison que vous portez dans la bague que vous avez au doigt. Vous mourrez...

— Oh! mais si je la jetais? interrompit Condorcet.

— Jetez-la.

— Enfin vous avouez que c'est bien facile?

— Alors, jetez-la, vous dis-je.

— Oh! oui, Marquis! s'écria madame

Dubarry, par grâce, jetez ce vilain poison; jetez-le, ne fut-ce que pour faire mentir un peu ce prophète malencontreux qui nous afflige tous de ses prophéties. Car, enfin, si vous le jetez, il est certain que vous ne serez pas empoisonné par celui-là; et comme c'est par celui-là que M. de Cagliostro prétend que vous le serez, alors, bon gré, mal gré, M. de Cagliostro aura menti.

— Madame la comtesse a raison, dit le comte de Haga.

— Bravo! Comtesse, dit Richelieu. Voyons Marquis, jetez ce poison; ça fera d'autant mieux que maintenant que je sais que vous portez à la main la mort d'un homme, je tremblerai toutes les fois que nous trinquerons ensemble. La bague peut s'ouvrir toute seule... Eh... eh!

— Et deux verres qui se choquent sont bien près l'un de l'autre, dit Taverney. Jetez, Marquis, jetez.

— C'est inutile, dit tranquillement Cagliostro, M. de Condorcet ne le jettera pas.

— Non, dit le marquis, je ne le quitterai pas, c'est vrai, et ce n'est pas parce que j'aide la destinée, c'est parce que Cabanis m'a composé ce poison qui est unique, qui est une substance solidifiée par l'effet du hasard, et qu'il ne retrouvera jamais ce hasard peut-être ; voilà pourquoi je ne jetterai pas ce poison. Triomphez si vous voulez, monsieur de Cagliostro.

— Le destin, dit celui-ci, trouve toujours des agents fidèles pour aider à l'exécution de ses arrêts.

— Ainsi, je mourrai empoisonné, dit le marquis. Eh bien ! soit. Ne meurt pas empoisonné qui veut. C'est une mort admirable que vous me prédisez là ; un peu de poison sur le bout de ma langue, et je suis anéanti. Ce n'est plus la mort, cela ; c'est moins la vie, comme nous disons en algèbre.

— Je ne tiens pas à ce que vous souffriez, Monsieur, répondit froidement Cagliostro.

Et il fit un signe qui indiquait qu'il désirait en rester là, avec M. de Condorcet du moins.

— Monsieur, dit alors le marquis de

Favras en s'allongeant sur la table, comme pour aller au devant de Cagliostro, voilà un naufrage, un coup de feu et un empoisonnement qui me font venir l'eau à la bouche. Est-ce que vous ne me ferez pas la grâce de me prédire, à moi aussi, quelque petit trépas du même genre ?

— Oh! Monsieur le marquis, dit Cagliostro commençant à s'animer sous l'ironie, vous auriez vraiment tort de jalouser ces messieurs, car, sur ma foi de gentilhomme, vous aurez mieux.

— Mieux! s'écria M. de Favras en riant; prenez garde, c'est vous engager beaucoup : mieux que la mer, le feu et le poison. C'est difficile.

— Il reste la corde, Monsieur le marquis, dit gracieusement Cagliostro.

— La corde... oh! oh! que me dites-vous là?

— Je vous dis que vous serez pendu, répondit Cagliostro avec une espèce de rage prophétique dont il n'était plus le maître.

— Pendu! répéta l'assemblée; diable!

— Monsieur oublie que je suis gentilhomme, dit Favras un peu refroidi ; et s'il veut, par hasard, parler d'un suicide, je le préviens que je compte me respecter assez, jusqu'au dernier moment, pour ne pas me servir d'une corde tant que j'aurai une épée.

— Je ne vous parle pas d'un suicide, Monsieur.

— Alors vous parlez d'un supplice.

— Oui.

— Vous êtes étranger, Monsieur, et en cette qualité je vous pardonne.

— Quoi?

— Votre ignorance. En France on décapite les gentilshommes.

— Vous règlerez cette affaire avec le bourreau, Monsieur, dit Cagliostro, écrasant son interlocuteur sous cette brutale réponse.

Il y eut un instant d'hésitation dans l'assemblée.

— Savez-vous que je tremble à présent, dit M. de Launay; mes prédécesseurs ont si tristement choisi que j'augure mal pour moi si je fouille au même sac qu'eux.

—Alors vous êtes plus raisonnable qu'eux, et vous ne voulez pas connaître l'avenir. Vous avez raison ; bon ou mauvais, respectons le secret de Dieu.

— Oh! oh! monsieur de Launay, dit madame Dubarry, j'espère que vous aurez bien autant de courage que ces messieurs.

— Mais je l'espère aussi, Madame, dit le gouverneur en s'inclinant.

Puis se retournant vers Cagliostro :

— Voyons, Monsieur, lui dit-il, à mon

tour gratifiez-moi de mon horoscope, je vous en conjure.

— C'est facile, dit Cagliostro : un coup de hache ser la tête et tout sera dit.

Un cri d'effroi retentit dans la salle. MM. de Richelieu et Tavernay supplièrent Cagliostro de ne pas aller plus loin; mais la curiosité féminine l'emporta.

—Mais à vous entendre, vraiment, comte, lui dit madame Dubarry, l'univers entier finirait de mort violente. Comment, nous voilà huit, et sur huit, cinq déjà sont condamnés par vous.

— Oh! vous comprenez bien que c'est un parti pris, et que nous en rions, Madame, dit M. de Favras en essayant de rire effectivement.

— Certainement que nous en rions, dit le comte de Haga, que cela soit vrai ou que cela soit faux.

— Oh! j'en rirais bien aussi, dit madame Dubarry, car je ne voudrais pas, par ma lâcheté, faire déshonneur à l'assemblée. Mais, hélas! je ne suis qu'une femme, et n'aurai pas même l'honneur d'être mise à votre rang pour un dénoûment sinistre. Une femme, cela meurt dans son lit. Hélas! ma mort de vieille femme triste et oubliée sera la pire de toutes les morts, n'est-ce pas, monsieur de Cagliostro?

Et en disant ces mots elle hésitait; elle donnait, non-seulement par ses paroles, mais par son air, un prétexte au devin de la rassurer; mais Cagliostro ne la rassurait pas.

La curiosité fut plus forte que l'inquiétude et l'emporta sur elle.

—Voyons, monsieur de Cagliostro, dit madame Dubarry, répondez-moi donc.

— Comment voulez-vous que je vous réponde, Madame, vous ne me questionnez pas.

La comtesse hésita.

— Mais... dit-elle.

— Voyons, demanda Cagliostro, m'interrogez-vous, oui ou non ?

La comtesse fit un effort, et après avoir puisé du courage dans le sourire de l'assemblée :

— Eh bien ! oui, s'écria-t-elle, je me risque ; voyons, dites comment finira

Jeanne de Vaubernier, comtesse Dubarry.

— Sur l'échafaud, Madame, répondit le funèbre prophète.

— Plaisanterie! n'est-ce pas, Monsieur? balbutia la comtesse avec un regard suppliant.

Mais on avait poussé à bout Cagliostro, et il ne vit pas ce regard.

— Et pourquoi plaisanterie? demanda-t-il.

— Mais parce que pour monter sur

l'échafaud il faut avoir tué, assassiné, commis un crime enfin, et que selon toute probabilité je ne commettrai jamais de crime. Plaisanterie, n'est-ce pas?

— Eh! mon Dieu, oui, dit Cagliostro, plaisanterie comme tout ce que j'ai prédit.

La comtesse partit d'un éclat de rire qu'un habile observateur eût trouvé un peu trop strident pour être naturel.

— Allons, monsieur de Favras, dit-elle, voyons, commandons nos voitures de deuil.

— Oh ! ce serait bien inutile pour vous, Comtesse, dit Cagliostro.

— Et pourquoi cela, Monsieur.

— Parce que vous irez à l'échafaud dans une charrette.

— Fi ! l'horreur ! s'écria madame Dubarry. Oh ! le vilain homme ! Maréchal, une autre fois choisissez des convives d'une autre humeur, ou je ne reviens pas chez vous.

— Excusez-moi, Madame, dit Cagliostro, mais vous comme les autres vous l'avez voulu.

— Moi comme les autres; au moins vous m'accorderez bien le temps, n'est-ce pas, de choisir mon confesseur?

— Ce serait peine superflue, Comtesse, dit Cagliostro.

— Comment cela?

— Le dernier qui montera à l'échafaud avec un confesseur, ce sera...

— Ce sera? demanda toute l'assemblée.

— Ce sera le roi de France.

Et Cagliostro dit ces derniers mots d'une voix sourde et tellement lugubre, qu'elle passa comme un souffle de mort sur les assistants, et les glaça jusqu'au fond du cœur.

Alors il se fit un silence de quelques minutes.

Pendant ce silence, Cagliostro approcha de ses lèvres le verre d'eau dans lequel il avait lu toutes ces sanglantes prophéties ; mais à peine eut-il touché à sa bouche, qu'avec un dégoût invincible il le repoussa comme il eût fait d'un amer calice.

Tandis qu'il accomplissait ce mouvement, les yeux de Cagliostro se portèrent sur Taverney.

— Oh! s'écria celui-ci, qui crut qu'il allait parler, ne me dites pas ce que je deviendrai; je ne vous le demande pas, moi.

— Eh bien! moi je le demande à sa place, dit Richelieu.

— Vous, Monsieur le maréchal, dit Cagliostro, rassurez-vous, car vous êtes le seul de nous tous qui mourrez dans votre lit.

— Le café, Messieurs! dit le vieux

maréchal, enchanté de la prédiction. Le café!

Chacun se leva.

Mais avant de passer au salon, le comte de Haga, s'approchant de Cagliostro :

— Monsieur, dit-il, je ne songe pas à fuir le destin, mais dites-moi de quoi il faut que je me défie?

— D'un manchon, Sire, répondit Cagliostro.

M. de Haga s'éloigna.

— Et moi? demanda Condorcet.

— D'une omelette.

— Bon, je renonce aux œufs.

Et il rejoignit le comte.

— Et moi, dit Favras, qu'ai-je à craindre?

— Une lettre.

— Bon, merci.

— Et moi? demanda de Launay.

— La prise de la Bastille.

— Oh! me voilà tranquille.

Et il s'éloigna en riant.

— A mon tour, Monsieur, fit la comtesse toute troublée.

— Vous belle Comtesse, défiez-vous de la place Louis XV!

— Hélas! répondit la comtesse, déjà un jour je m'y suis égarée; j'ai bien souffert. Ce jour-là j'avais perdu la tête.

— Eh bien! cette fois encore vous la perdrez, Comtesse, mais vous ne la retrouverez pas.

Madame Dubarry poussa un cri et s'enfuit au salon près des autres convives.

Cagliostro allait y suivre ses compagnons.

— Un moment, fit Richelieu, il ne reste plus que Taverney et moi à qui vous n'ayez rien dit, mon cher sorcier.

— M. de Taverney m'a prié de ne rien dire, et vous, Monsieur le maréchal, vous ne m'avez rien demandé.

— Oh! et je vous en prie encore, s'écria Taverney les mains jointes.

— Mais, voyons, pour nous prouver la puissance de votre génie, ne pourriez-vous pas nous dire une chose que nous deux savons seuls?

— Laquelle demanda Cagliostro en souriant.

— Eh bien! c'est ce que ce brave Taverney vient faire à Versailles au lieu de vivre tranquillement dans sa belle terre de Maison-Rouge, que le roi a rachetée pour lui il y a trois ans?

— Rien de plus simple, Monsieur le maréchal, répondit Cagliostro. Voici dix ans, monsieur avait voulu donner sa fille, mademoiselle Andrée, au roi Louis XV; mais monsieur n'a pas réussi.

—Oh! oh! grogna Taverney.

— Aujourd'hui, monsieur veut donner son fils, Philippe de Taverney, à la reine Marie-Antoinette. Demandez-lui si je mens.

— Par ma foi, dit Taverney tout tremblant, cet homme est sorcier, ou le diable m'emporte!

— Oh! oh! fit le maréchal, ne parle pas si cavalièrement du diable, mon vieux camarade.

— Effrayant! effrayant! murmura Taverney.

Et il se retourna pour implorer une dernière fois la discrétion de Cagliostro; mais celui-ci avait disparu.

— Allons, Taverney, allons au salon, dit le maréchal; on prendrait le café sans nous, ou nous prendrions le café froid, ce qui serait bien pis.

Et il courut au salon.

Mais le salon était désert; pas un des convives n'avait eu le courage de revoir en face l'auteur des terribles prédictions.

Les bougies brûlaient sur les candélabres ; le café fumait dans l'aiguière ; le feu sifflait dans l'âtre.

Tout cela inutilement.

— Ma foi, mon vieux camarade, il paraît que nous allons prendre notre café en tête-à-tête... Eh bien, où diable es-tu donc passé ?

Et Richelieu regarda de tous côtés ; mais le petit vieillard s'était esquivé comme les autres.

— C'est égal, dit le maréchal en ricanant comme eût fait Voltaire, et en frottant l'une contre l'autre ses mains sèches et blanches toutes chargées de bagues, je serai le seul de tous mes convives qui mourrai dans mon lit. Eh! eh! dans mon lit! Comte de Cagliostro, je ne suis pas un incrédule, moi. Dans mon lit, n'est-ce pas, je mourrai dans mon lit, et le plus tard possible? Holà! mon valet de chambre, et mes gouttes?

Le valet de chambre entra un flacon à la main, et le maréchal et lui passèrent dans la chambre à coucher.

FIN DU PROLOGUE.

LE COLLIER DE LA REINE.

I

Deux femmes inconnues.

L'hiver de 1784, ce monstre qui dévora un sixième de la France, nous n'avons pu, quoiqu'il grondât aux portes, le voir chez M. le duc de Richelieu, enfermés que nous étions dans cette salle à manger si chaude et si parfumée.

Un peu de givre aux vitres, c'est le luxe de la nature ajouté au luxe des hommes. L'hiver a ses diamants, sa poudre et ses broderies d'argent pour le riche, enseveli sous sa fourrure, ou calfeutré dans son carrosse, ou emballé dans les ouates et les velours d'un appartement chauffé. Tout frimat est une pompe, toute intempérie un changement de décor, que le riche regarde exécuter à travers les vitres de ses fenêtres, par ce grand et éternel machiniste que l'on appelle Dieu.

En effet, qui a chaud peut admirer les arbres noirs, et trouver du charme aux sombres perspectives des plaines embaumées par l'hiver.

Celui qui sent monter à son cerveau les suaves parfums du dîner qui l'attend, peut humer de temps en temps, à travers une fenêtre entr'ouverte, l'âpre parfum de la bise, et la glaciale vapeur des neiges qui régénèrent ses idées.

Celui, enfin, qui, après une journée sans souffrances, quand des millions de ses concitoyens ont souffert, s'étend sous un édredon, dans des draps bien fins, dans un lit bien chaud; celui-là, comme cet égoïste dont parle Lucrèce, et que glorifie Voltaire, peut trouver que tout est bien dans le meilleur des mondes possibles.

Mais celui qui a froid ne voit rien de toutes ces splendeurs de la nature, aussi riche de son manteau blanc que de son manteau vert.

Celui qui a faim cherche la terre et fuit le ciel : le ciel sans soleil et par conséquent sans sourire pour le malheureux.

Or, à cette époque où nous sommes arrivés, c'est-à-dire vers la moitié du mois d'avril, trois cent mille malheureux, mourant de froid et de faim, gémissaient dans Paris seulement, dans Paris où, sous prétexte que nulle ville ne renferme plus de riches, rien n'était prévu pour empêcher les pauvres de périr par le froid et par la misère.

Depuis ces quatre mois, un ciel d'airain chassait les malheureux des villages dans les villes, comme d'habitude l'hiver chasse les loups des bois dans le village.

Plus de pain, plus de bois.

Plus de pain pour ceux qui supportaient le froid, plus de bois pour cuire le pain.

Toutes les provisions faites, Paris les avait dévorées en un mois; le prévôt des marchands, imprévoyant et incapable, ne savait pas faire entrer dans Paris, confié à ses soins, deux cent mille cordes de bois disponibles, dans un rayon de dix lieues autour de la capitale.

Il donnait pour excuse :

Quand il gelait, la gelée qui empêche les chevaux de marcher ; quand il dégelait, l'insuffisance des charrettes et des chevaux; Louis XVI, toujours bon, toujours humain, toujours le premier frappé des besoins physiques du peuple, dont les besoins sociaux lui échappaient plus facilement, Louis XVI commença par affecter une somme de deux cent mille livres à la location de charriots et de chevaux, puis ensuite il mit les uns et les autres en réquisition forcée.

Cependant, la consommation continuait d'emporter les arrivages. Il fallait taxer les acheteurs. Nul n'eut le droit d'enlever d'abord du chantier général plus d'une voie de bois, puis, plus d'une demi-voie. On vit alors la queue s'allonger à la porte des chantiers, comme plus tard on devait la voir s'allonger à la porte des boulangers.

Le roi dépensa tout l'argent de sa cassette en aumônes. Il leva trois millions sur les recettes des octrois, et appliqua ces trois millions au soulagement des malheureux, déclarant que toute urgence devait céder et se taire devant l'urgence du froid et de la famine.

La reine, de son côté, donna cinq cents louis sur ses épargnes. On convertit en salles d'asile les couvents, les hôpitaux, les monuments publics, et chaque porte cochère s'ouvrit à l'ordre de ses maîtres, à l'exemple de celles des châteaux royaux, pour donner accès dans les cours des hôtels, à des pauvres qui venaient s'accroupir autour d'un grand feu.

On espérait gagner ainsi les bons dégels !

Mais le ciel était inflexible ! Chaque soir, un voile de cuivre rose s'étendait sur le firmament ; l'étoile brillait sèche et froide comme un fallot de mort, et la gelée nocturne condensait de nouveau, dans un lac de diamant, la neige pâle que le soleil de midi avait un instant liquéfiée.

Pendant le jour, des milliers d'ouvriers, la pioche et la pelle en main, échafaudaient la neige et la glace le long des maisons, en sorte qu'un double rempart épais et humide obstruait la moitié des rues, déjà trop étroites pour la plupart. Carrosses pesants aux roues glissantes, chevaux vacillants et abattus à chaque minute, refoulaient sur ces murs glacés le passant exposé au triple danger des chutes, des chocs et des écroulements.

Bientôt, les amas de neige et de glaces devinrent tels, que les boutiques en furent masquées, les passages bouchés, et qu'il fallut renoncer à enlever les glaces, les forces et les moyens de charroi ne suffisant plus.

Paris impuissant s'avoua vaincu, et

laissa faire l'hiver. Décembre, janvier, février et mars se passèrent ainsi ; quelquefois un dégel de deux ou trois jours changeait en un océan tout Paris, dépourvu d'égoûts et de pentes.

Certaines rues, dans ces moments-là, ne pouvaient être traversées qu'à la nage. Des chevaux s'y perdirent et se noyèrent. Les carrosses ne s'y hasardèrent plus, même au pas; ils se fussent changés en bateaux.

Paris, fidèle à son caractère, chansonna la mort par le dégel, comme il avait chansonné la mort par la famine

On alla en procession aux halles pour voir les poissardes débiter leur marchandise, et courir le chaland avec d'énormes bottes de cuir, des culottes dans leurs bottes et la jupe retroussée jusqu'à la ceinture, le tout en riant, gesticulant et s'éclaboussant les unes les autres dans le marécage qu'elles habitaient ; mais comme les dégels étaient éphémères, comme la glace succédait plus opaque et plus opiniâtre, comme les lacs de la veille devenaient un cristal glissant le lendemain, des traîneaux remplaçaient les carrosses et couraient, poussés par des patineurs ou traînés par des chevaux ferrés à pointes, sur les chaussées des

rues, changées en miroirs unis. La Seine,
gelée à une profondeur de plusieurs
pieds, était devenue le rendez-vous des
oisifs qui s'y exerçaient à la course, c'est-
à-dire à la chute aux glissades, au pati-
nage, aux jeux de toute sorte enfin, et
qui, échauffés par cette gymnastique,
couraient au feu le plus voisin, dès que
la fatigue les forçait au repos, pour empêcher la sueur de geler sur leurs membres.

On prévoyait le moment où les communications par eau étant interrompues,
où les communications par terre étant
devenues impossibles, on prévoyait le

moment où les vivres n'arriveraient plus, et où Paris, ce corps gigantesque, succomberait faute d'aliments, comme ces monstrueux cétacés qui, ayant dépeuplé leurs cantons, demeurent enfermés par les glaces polaires et meurent d'inanition faute d'avoir pu, par les fissures, s'échapper, comme les petits poissons leur proie, et gagner des zones plus tempérées, des eaux plus fécondes.

Le roi, dans cette extrémité, assembla son conseil. Il y décida qu'on exilerait de Paris, c'est-à-dire que l'on prierait de retourner dans leurs provinces les évêques, les abbés, les moines trop insoucieux de la résidence ; les gouverneurs, les intendants de province, qui avaient fait de Paris le siége de leur gouvernement ; enfin les magistrats, qui préféraient l'Opéra et le monde à leurs fauteuils fleurdelisés.

En effet, tous ces gens faisaient grosses dépenses de bois dans leurs riches hôtels, tous ces gens consommaient beaucoup de vivres dans leurs immenses cuisines.

Il y avait encore tous les seigneurs de terres provinciales, que l'on inviterait à s'enfermer dans leurs châteaux. Mais

M. Lenoir, lieutenant de police, fit observer au roi que tons ces gens n'étant pas des coupables, on ne pouvait les forcer à quitter Paris du jour au lendemain; que par conséquent ils mettraient, à se retirer, une lenteur résultant à la fois du mauvais vouloir et de la difficulté des chemins, et qu'ainsi le dégel arriverait avant qu'on eût obtenu l'avantage de la mesure, tandis que tous les inconvénients s'en seraient produits.

Cependant, cette pitié du roi qui avait mis les coffres à sec, cette miséricorde de la reine qui avait épuisé son épargne, avaient excité la reconnaissance ingé-

nieuse du peuple, qui consacra par des
monuments éphémères comme le mal,
et comme le bienfait, la mémoire des
charités que Louis XVI et la reine avaient
versées sur les indigents. Comme autrefois les soldats érigeaient des trophées
au général vainqueur, avec les armes de
l'ennemi dont le général les avait délivrés, les Parisiens, sur le champ de
bataille même où ils luttaient contre
l'hiver, élevèrent donc au roi et à la
reine des obélisques de neige et de glace.
Chacun y concourut; le manœuvre
donna ses bras, l'ouvrier son industrie,
l'artiste son talent, et les obélisques s'évèrent élégants, hardis et solides, à

chaque coin des principales rues, et le pauvre homme de lettres que le bienfait du souverain avait été chercher dans sa mansarde, apporta l'offrande d'une inscription rédigée plus encore par le cœur que par l'esprit.

A la fin de mars, le dégel était venu, mais inégal, incomplet, avec des reprises de gelée qui prolongeaient la misère, la douleur et la faim dans la population parisienne, en même temps qu'elles conservaient, debout et solides, les monuments de neige.

Jamais la misère n'avait été aussi

grande que dans cette dernière période ;
c'est que les intermittences d'un soleil
déjà tiède, faisaient paraître plus dures
encore les nuits de gelée et de bise : les
grandes couches de glace avaient fondu
et s'étaient écoulées dans la Seine débor-
dant de toutes parts. Mais, aux premiers
jours d'avril, une de ces recrudescences
de froid dont nous avons parlé se mani-
festa ; les obélisques, le long desquels
avait déjà coulé cette sueur qui présa-
geait leur mort, les obélisques, à moitié
fondus, se solidifièrent de nouveau, in-
formes et amoindris ; une belle couche
de neige couvrit les boulevards et les
quais, et l'on vit les traîneaux reparaître

avec leurs chevaux fringants. Cela faisait merveille sur les quais et sur les boulevards. Mais dans les rues, les carrosses et les cabriolets rapides devenaient la terreur des piétons, qui ne les entendaient pas venir, qui, souvent empêchés par les murailles de glace, ne pouvaient les éviter, enfin qui, le plus souvent, tombaient sous les roues en essayant de fuir.

En peu de jours, Paris se couvrit de blessés et de mourants. Ici, une jambe brisée par une chute faite sur le verglas ; là, une poitrine enfoncée par le brancard d'un cabriolet qui, emporté dans la rapidité de sa course, n'avait pu s'arrêter sur la glace. Alors, la police commença de s'occuper à préserver des roues ceux qui avaient échappé au froid, à la faim et aux inondations. On fit donc payer des amendes aux riches qui écrasaient les pauvres. C'est qu'en ce temps-là, règne des aristocraties, il y avait aristocratie même dans la manière de conduire les chevaux ; un prince du sang se menait à toute bride et sans crier : gare ! un duc et pair, un gentilhomme et une fille d'Opéra, au grand trot ; un président et un financier, au trot ; le petit-maître, dans son cabriolet, se conduisait lui-même comme à la chasse, et le jockey, debout, derrière, criait : gare! quand le maître avait accroché ou renversé un malheureux.

Et puis, comme dit Mercier, se ramassait qui pouvait ; mais en somme, pourvu que le Parisien vît de beaux traîneaux au col de cygne courir sur le boulevard, pourvu qu'il admirât dans leurs pelisses de martre ou d'hermine les belles dames de la cour, entraînées comme des météores sur les sillons reluisants de la glace, pourvu que les grelots dorés, les filets de pourpre et les panaches des chevaux amusassent les enfants, échelonnés sur le passage de toutes ces belles choses, le bourgeois de Paris oubliait l'incurie des gens de police, et les brutalités des cochers, tandis que le pauvre, de son côté, du moins pour un instant, oubliait sa misère, habitué qu'il était encore en ce temps-là, à être patroné par les gens riches ou par ceux qui affectaient de l'être.

Or, c'est dans les circonstances que nous venons de rapporter, huit jours après ce dîner donné à Versailles par M. de Richelieu, que l'on vit, par un beau mais froid soleil, entrer à Paris quatre traîneaux élégants, glissant sur la neige durcie qui couvrait le Cours-la-

Reine et l'extrémité des boulevards, à partir des Champs-Élysées. Hors Paris, la glace peut garder longtemps sa blancheur virginale, les pieds du passant sont rares. A Paris, au contraire, cent mille pas par heure déflorent vite, en le noircissant, le manteau splendide de l'hiver.

Les traîneaux qui avaient glissé à sec sur la route, s'arrêtèrent d'abord au boulevard, c'est-à-dire dès que la boue succéda aux neiges. En effet, le soleil de la journée avait amolli l'atmosphère, et le dégel momentané commençait; nous disons momentané, car la pureté de l'air promettait pour la nuit cette bise glaciale, qui brûle en avril les premières feuilles et les premières fleurs.

Dans le traîneau qui marchait en tête, se trouvaient deux hommes vêtus d'une houppelande brune en drap, avec un collet double ; la seule différence que l'on remarquât entre les deux habits, c'est que l'un avait des boutons et des brandebourgs d'or, et l'autre des brandebourgs de soie et des boutons pareils aux brandebourgs.

Ces deux hommes, traînés par un cheval noir dont les naseaux soufflaient une épaisse fumée, précédaient un second traîneau, sur lequel ils jetaient de temps en temps les yeux, comme pour le surveiller.

Dans ce second traîneau, se trouvaient deux femmes si bien enveloppées de fourrures, que nul n'eût pu voir leurs visages. On pourrait même ajouter qu'il eût été difficile de dire à quel sexe appartenaient ces deux personnages, si on ne les eût reconnus femmes à la hauteur de leur coiffure, au sommet de laquelle un petit chapeau secouait ses plumes.

De l'édifice colossal de cette coiffure

enchevêtrée de nattes de rubans et de menus joyaux, un nuage de poudre blanche s'échappait, comme l'hiver s'échappe un nuage de givre des branches que la bise secoue.

Ces deux dames, assises l'une à côté de l'autre et tellement rapprochées que leur siége se confondait, s'entretenaient sans faire attention aux nombreux spectateurs qui les regardaient passer sur le boulevard.

Nous avons oublié de dire qu'après un instant d'hésitation, elles avaient repris leur course.

L'une d'elles, la plus grande et la plus majestueuse, appuyait sur ses lèvres un mouchoir de fine batiste brodée, tenait sa tête droite et ferme, malgré la bise que fendait le traîneau dans sa course rapide. Cinq heures venaient de sonner à l'église Sainte-Croix-d'Antin, et la nuit commençait à descendre sur Paris, et avec la nuit le froid.

En ce moment les équipages étaient parvenus à la porte Saint-Denis à peu près.

La dame du traîneau, la même qui tenait un mouchoir sur sa bouche, fit un signe aux deux hommes de l'avant-garde qui distancèrent le traîneau des deux dames, en pressant le pas du cheval noir. Puis, la même dame se retourna vers l'arrière-garde, composée de deux autres traîneaux conduits chacun par un cocher sans livrée, et les deux cochers, obéissant de leur côté au signe qu'ils venaient de comprendre, disparurent par la rue Saint-Denis, dans la profondeur de laquelle ils s'engouffrèrent.

De son côté, comme nous l'avons dit, le traîneau des deux hommes gagna sur celui des deux femmes, et finit par disparaître dans les premières brumes du soir, qui s'épaississaient autour de la colossale construction de la Bastille.

Le second traîneau, arrivé au boulevard de Ménilmontant, s'arrêta ; de ce côté, les promeneurs étaient rares, la nuit les avait dispersés ; d'ailleurs, en ce quartier lointain, peu de bourgeois se hasardaient sans fallots et sans escortes, depuis que l'hiver avait aiguisé les dents de trois ou quatre mille mendiants suspects, changés tout doucement en voleurs.

La dame que nous avons déjà désignée

à nos lecteurs comme donnant des ordres, toucha du bout du doigt l'épaule du cocher qui conduisait le traîneau.

Le traîneau s'arrêta.

— Weber, dit-elle, combien vous faut-il de temps pour amener le cabriolet où vous savez?

— Matame brend le gapriolet? demanda le cocher, avec un accent allemand des mieux prononcés.

— Oui, je reviendrai par les rues pour voir les feux. Or, les rues sont encore plus boueuses que les boulevards, et on roulerait mal en traîneau. Et puis, j'ai gagné un peu de froid; vous aussi, n'est-ce pas, petite ? dit la dame, s'adressant à sa compagne.

— Oui, Madame, répondit celle-ci.

— Ainsi, vous entendez, Weber? où vous savez, avec le cabriolet.

Pien, Matame.

— Combien de temps vous faut-il ?

— Une temi-heure.

— C'est bien. Voyez l'heure, petite.

La plus jeune des deux dames fouilla dans sa pelisse et regarda l'heure à sa montre, avec assez de difficulté, car, nous l'avons dit, la nuit s'épaississait.

— Six heures moins un quart, dit-elle.

— Donc, à sept heures moins un quart, Weber.

Et en disant ces mots, la dame sauta légèrement hors du traîneau, donna la main à son amie, et commença de s'éloigner, tandis que le cocher, avec des gestes d'un respectueux désespoir, murmura assez haut pour être entendu de sa maîtresse :

— Imbrutence, ah! mein Gott! quelle imbrutence!

Les deux jeunes femmes se mirent à rire, s'enfermèrent dans leurs pelisses, dont les collets montaient jusqu'à la hauteur des oreilles, et traversèrent la contre-allée du boulevard, en s'amusant à faire craquer la neige sous leurs petits pieds, chaussés de fines mules fourrées.

— Vous qui avez de bons yeux, Andrée, fit la dame qui paraissait la plus âgée, et qui cependant ne devait pas avoir plus de trente à trente-deux ans, essayez donc de lire à cet angle le nom de la rue.

— Rue du Pont-aux-Choux, Madame, dit la jeune femme en riant.

— Quelle rue est cela, rue du Pont-aux-Choux? Ah! mon Dieu! mais nous sommes perdues! Rue du Pont-aux-Choux! On m'avait dit la deuxième rue à droite. Mais sentez-vous, Andrée, comme il flaire bon le pain chaud?

— Ce n'est pas étonnant, répondit sa compagne, nous sommes à la porte d'un boulanger.

— Eh bien, demandons-lui où est la rue Saint-Claude.

Et celle qui venait de parler fit un mouvement vers la porte.

— Oh! n'entrez pas, Madame, fit vivement l'autre femme, laissez-moi.

— La rue Saint-Claude, mes mignonnes dames, dit une voix enjouée, vous voulez savoir où est la rue Saint-Claude?

Les deux femmes se retournèrent en même temps, et d'un seul mouvement dans la direction de la voix, et elles virent debout, et appuyé à la porte du boulanger, un geindre affublé de sa jaquette, et les jambes et la poitrine découvertes, malgré le froid glacial qu'il faisait.

— Oh ! un homme nu ! s'écria la plus jeune des deux femmes. Sommes-nous donc en Océanie ?

Et elle fit un pas en arrière et se cacha derrière sa compagne.

— Vous cherchez la rue Saint-Claude ? poursuivit le mitron qui ne comprenait rien au mouvement qu'avait fait la plus jeune des deux dames, et qui, habitué à son costume, était loin de lui attribuer la force centrifuge dont nous venons de voir le résultat.

— Oui, mon ami, la rue Saint-Claude, répondit l'aînée des deux femmes, en comprimant elle-même une forte envie de rire.

— Oh ! ce n'est pas difficile à trouver, et d'ailleurs je vais vous y conduire, reprit le joyeux garçon enfariné, qui, joignant le fait à la parole, se mit à déployer le compas de ses immenses jambes maigres, au bout desquelles s'emmanchaient deux savates larges comme des bateaux.

— Non pas ! non pas ! dit l'aînée des deux femmes, qui ne se souciait sans doute pas d'être rencontrée avec un pareil guide; indiquez-nous la rue, sans vous déranger, et nous tâcherons de suivre votre indication.

— Première rue à droite, Madame ; répondit le guide en se retirant avec discrétion.

— Merci, dirent ensemble les deux femmes.

Et elles se mirent à courir dans la direction indiquée, en étouffant leurs rires sous leurs manchons.

II

Un intérieur.

Ou nous avons trop compté sur la mémoire de notre lecteur, ou nous pouvions espérer qu'il connaît déjà cette rue Saint-Claude, qui touche par l'est au boulevard et par l'ouest à la rue Saint-Louis; en effet, il a vu plus d'un des personnages qui ont joué ou qui joueront un rôle dans cette histoire, la parcourir dans un autre temps, c'est-à-dire lorsque le grand physicien Joseph Balsamo y habitait avec sa sibylle Lorenza et son maître Althotas.

En 1784 comme en 1770, époque à laquelle nous y avons conduit pour la première fois nos lecteurs, la rue Saint-Claude était une honnête rue, peu claire, c'est vrai, peu nette, c'est encore vrai ; enfin peu fréquentée, peu bâtie et peu connue. Mais elle avait son nom de saint et sa qualité de rue du Marais, et comme telle elle abritait, dans les trois ou quatre maisons qui composaient son effectif, plusieurs pauvres rentiers, plusieurs pauvres marchands, et plusieurs pauvres pauvres, oubliés sur les états de la paroisse.

Outre ces trois ou quatre maisons, il y avait bien encore, au coin du boulevard, un hôtel de grande mine dont la rue Saint-Claude eût pu se glorifier comme d'un bâtiment aristocratique ; mais ce bâtiment, dont les hautes fenêtres eussent, par-dessus le mur de la cour, éclairé toute la rue dans un jour de fête, avec le simple reflet de ses candélabres et de ses lustres ; ce bâtiment, disions-nous, était la plus noire, la plus muette et la plus close de toutes les maisons du quartier.

La porte ne s'ouvrait jamais ; les fenêtres, matelassées de coussins de cuir, avaient sur chaque feuille des jalousies, sur chaque plinthe des volets, une couche de poussière que les physiologistes ou les géologues eussent accusée de remonter à dix ans.

Quelquefois un passant désœuvré, un curieux ou un voisin, s'approchait de la porte cochère, et au travers de la vaste serrure examinait l'intérieur de l'hôtel.

Alors il ne voyait que touffes d'herbe entre les pavés, moisissures et mousse sur les dalles. Parfois un énorme rat, suzerain de ce domaine abandonné, traversait tranquillement la cour et s'allait plonger dans les caves, modestie bien superflue, quand il avait à sa pleine et entière disposition des salons et des cabinets si commodes, où les chats ne pouvaient le venir troubler.

Si c'était un passant ou un curieux, après avoir constaté vis-à-vis de lui-même la solitude de cet hôtel, il continuait son chemin ; mais si c'était un voisin, comme l'intérêt qui s'attachait à l'hôtel était plus grand, il restait presque toujours assez longtemps en observation pour qu'un autre voisin vînt prendre place auprès de lui, attiré par une curiosité pareille à la sienne ; et alors presque toujours s'établissait une conversation dont nous sommes à peu près certain de rappeler le fond, sinon les détails.

— Voisin, disait celui qui ne regardait pas à celui qui regardait, que voyez-vous donc dans la maison de M. le comte de Balsamo?

— Voisin, répondait celui qui regardait à celui qui ne regardait pas, je vois le rat.

— Ah! voulez-vous permettre?

Et le second curieux s'installait à son tour au trou de la serrure.

— Le voyez-vous? disait le voisin dépossédé au voisin en possession.

— Oui, répondait celui-ci, je le vois. Ah! Monsieur, il a engraissé.

— Vous croyez?

— Oui, j'en suis sûr.

— Je crois bien, rien ne le gêne.

— Et certainement, quoi qu'on en dise, il doit rester de bons morceaux dans la maison.

— De bons morceaux, dites-vous?

— Dam! M. de Balsamo a disparu trop tôt pour n'avoir pas oublié quelque chose.

— Eh! voisin, quand une maison est à moitié brûlée, que voulez-vous qu'on y oublie?

— Au fait, voisin, vous pourriez bien avoir raison.

Et après avoir de nouveau regardé le rat, on se séparait effrayé d'en avoir tant dit sur une matière si mystérieuse et si délicate.

En effet depuis l'incendie de cette maison, ou plutôt d'une partie de la maison, Balsamo avait disparu, nulle réparation ne s'était faite, l'hôtel avait été abandonné.

Laissons-le surgir tout sombre et tout humide dans la nuit avec ses terrasses couvertes de neige et son toît échancré par les flammes, ce vieil hôtel près duquel nous n'avons pas voulu passer sans nous arrêter devant lui, comme devant une vieille connaissance ; puis traversant la rue pour passer de gauche à droite, regardons, attenante à un petit jardin fermé par un grand mur, une maison étroite et haute, qui s'élève pareille à une longue tour blanche sur le fond gris-bleu du ciel.

Au faîte de cette maison, une cheminée se dresse comme un paratonnerre, et juste au zénith de cette cheminée, une brillante étoile tourbillonne et scintille.

Le dernier étage de la maison se perdrait inaperçu dans l'espace, sans un rayon de lumière qui rougit deux fenêtres sur trois qui composent la façade.

Les autres étages sont mornes et sombres. Les locataires dorment-ils déjà? économisent-ils, dans leurs couvertures, et la chandelle si chère, et le bois si rare cette année? Toujours est-il que les quatre étages ne donnent pas signe d'existence, tandis que le cinquième non-seulement vit, mais encore rayonne avec une certaine affectation.

Frappons à la porte; montons l'escalier sombre ; il finit à ce cinquième étage où nous avons affaire. Une simple échelle posée contre le mur conduit à l'étage supérieur.

Un pied de biche pend à la porte ; un paillasson de nattte et une patère de bois meublent l'escalier.

La première porte ouvere, nous entrerons dans une chambre obscure et nue ; c'est celle dont la fenêtre n'est pas éclairée. Cette pièce sert d'antichambre et donne dans une seconde dont l'ameublement et les détails méritent toute notre attention.

Du carreau au lieu de parquét, des portes grossièrement peintes, trois fauteuils de bois blanc garni de velours jaune, un pauvre sofa dont les coussins ondulent sous les plis d'un amaigrissement produit par l'âge.

Les plis et la flaccidité ont les rides et l'atonie d'un vieux fauteuil : jeune, il rebondissait et chatoyait; hors d'âge, il suit son hôte au lieu de le repousser; et quand il a été vaincu, c'est-à-dire lorsqu'on s'est assis dedans, il crie.

Deux portraits pendus au mur attirent d'abord les regards. Une chandelle et une lampe, placées l'une sur un guéridon à trois pieds, l'autre sur la cheminée, combinent leurs feux de manière à faire de ces deux portraits deux foyers de lumière.

Toquet sur la tête, figure longue et pâle, œil mat, barbe pointue, fraise au col, le premier de ces portraits se recommande par sa notoriété; c'est le visage héroïquement ressemblant de Henry III, roi de France et de Pologne.

Au-dessous se lit une inscription tracée en lettres noires sur un cadre mal doré :

HENRY DE VALOIS.

L'autre portrait, doré plus récemment, aussi frais de peinture que l'autre est suranné, représente une jeune femme à l'œil noir, au nez fin et droit, aux pommettes saillantes, à la bouche circonspecte. Elle est coiffée, ou plutôt écrasée d'un édifice de cheveux et de soieries, près duquel le toquet de Henri III prend les proportions d'une taupinière près d'une pyramide.

Sous ce portrait se lit également en lettres noires :

JEANNE DE VALOIS.

Et si l'on veut, après avoir inspecté l'âtre éteint, les pauvres rideaux de siamoise du lit recouvert de damas vert jauni, si l'on veut savoir quel rapport ont ces portraits avec les habitants de ce cinquième étage, il n'est besoin que de se tourner vers une petite table de chêne sur laquelle, accoudée du bras gauche, une femme simplement vêtue revise plusieurs lettres cachetées et en contrôle les adresses.

Cette jeune femme est l'original du portrait.

A trois pas d'elle, dans une attitude

semi-curieuse, semi-respectueuse, une petite vieille suivante, de soixante ans, vêtue comme une duègne de Greuze, attend et regarde.

« Jeanne de Valois, » disait l'inscription.

Mais alors, si cette dame était une Valois, comment Henri III, le roi sybarite, le voluptueux fraisé, supportait-il, même en peinture, le spectacle d'une misère pareille, lorsqu'il s'agissait, non seulement d'une personne de sa race, mais encore de son nom ?

Au reste, la dame du cinquième ne

démentait point, personnellement, l'origine qu'elle se donnait. Elle avait des mains blanches et délicates qu'elle réchauffait, de temps en temps, sous ses bras croisés. Elle avait un pied petit, fin, allongé, chaussé d'une pantoufle de velours encore coquette, et qu'elle essayait de réchauffer aussi en battant le carreau luisant et froid comme cette glace qui couvrait Paris.

Puis comme la bise sifflait sous les portes et par les fentes des fenêtres, la suivante secouait tristement les épaules et regardait le foyer sans feu.

Quant à la dame, maîtresse du logis,

elle comptait toujours les lettres et lisait les adresses.

Puis après chaque lecture d'adresse, elle faisait un petit calcul.

— Madame de Misery, murmura-t-elle, première dame d'atours de Sa Majesté. Il ne faut compter de ce côté que six louis, car on m'a déjà donné.

Et elle poussa un soupir.

— Madame Patrix, femme de chambre de Sa Majesté, deux louis.

— M. d'Ormesson, une audience.

— M. de Calonne un conseil.

— M. de Rohan une visite. Et nous tâcherons qu'il nous la rende, fit la jeune femme en souriant.

— Nous avons donc, continua-t-elle du même ton de psalmodie, huit louis assurés d'ici à huit jours.

Et elle leva la tête.

— Dame Clotilde, dit-elle, mouchez donc cette chandelle.

La vieille obéit, et se remit en place, sérieuse et attentive.

Cette espèce d'inquisition dont elle était l'objet parut fatiguer la jeune femme.

— Cherchez donc, ma chère, dit-elle, s'il ne reste pas ici quelque bout de bougie, et donnez-le-moi. Il m'est odieux de brûler de la chandelle.

— Il n'y en a pas, répondit la vieille.

— Voyez toujours.

— Où cela?

— Mais, dans l'antichambre.

— Il fait bien froid, par là.

— Et! tenez, justement on sonne, dit la jeune femme.

— Madame se trompe, dit la vieille opiniâtre.

— Je l'avais cru, dame Clotilde.

Et voyant que la vieille résistait, elle céda, grondant doucement, comme font les personnes qui, par une cause quelconque, ont laissé prendre sur elles par des inférieurs des droits qui ne devraient pas leur appartenir.

Puis elle se remit à son calcul.

— Huit louis, sur lesquels j'en dois trois dans le quartier.

Elle prit la plume et écrivit :

— Trois louis... Cinq promis à M. de La Motte pour lui faire supporter le séjour de Bar-sur-Aube. — Pauvre diable! notre mariage ne l'a pas enrichi ; mais patience !

Et elle sourit encore, mais en se regardant cette fois dans un miroir placé entre les deux portraits.

— Maintenant, continua-t-elle, courses de Versailles à Paris et de Paris à Versailles. Courses, un louis.

Et elle écrivit ce nouveau chiffre à la colonne des dépenses.

— La vie maintenant pour huit jours, un louis.

Elle écrivit encore.

— Toilettes, fiacres, gratifications aux suisses des maisons où je sollicite : quatre louis. Est-ce bien tout? additionnons.

Mais au milieu de son addition elle s'interrompit.

— On sonne, vous dis-je.

— Non, Madame, répondit la vieille, engourdie à sa place. Ce n'est pas ici ; c'est dessous, au quatrième.

— Quatre, six, onze, quatorze louis : six de moins qu'il en faut, et toute une garderobe à renouveler, et cette vieille brute à payer pour la congédier.

Puis tout à coup :

— Mais je vous dis qu'on sonne, malheureuse ! s'écria-t-elle en colère.

Et cette fois il faut l'avouer, l'oreille

la plus indocile n'eût pu se refuser à comprendre l'appel extérieur; la sonnette, agitée avec vigueur, frémit dans son angle et vibra si longtemps que le battant frappa les parois d'une douzaine de chocs.

A ce bruit et tandis que la vieille, réveillée enfin, courait à l'antichambre, sa maîtresse, agile comme un écureuil, enlevait les lettres et les papiers épars sur la table, jetait le tout dans un tiroir, et, après un rapide coup d'œil lancé sur la chambre pour s'assurer que tout y était en ordre, prenait place sur le sofa dans l'attitude humble et triste d'une personne souffrante, mais résignée.

Seulement, hâtons-nous de le dire, les membres seuls se reposaient. L'œil actif, inquiet, vigilant, interrogeait le miroir, qui reflétait la porte d'entrée, tandis que l'oreille aux aguets se préparait à saisir le moindre son.

La duègne ouvrit la porte, et on l'entendit murmurer quelques mots dans l'antichambre.

Alors une voix fraîche et suave, et cependant empreinte de fermeté, prononça ces paroles :

— Est-ce ici que demeure madame la comtesse de La Motte?

— Madame la comtesse de La Motte Valois? répéta nazillant Clotilde.

— C'est cela même, ma bonne Dame. madame de La Motte est-elle chez elle?

— Oui, Madame, et trop souffrante pour sortir.

Pendant ce colloque, dont elle n'avait pas perdu une syllabe, la prétendue malade ayant regardé dans le miroir, vit qu'une femme questionnait Clotilde, et que cette femme, selon toutes les apparences, appartenait à une classe élevée de la société.

Elle quitta aussitôt le sofa et gagna le fauteuil, afin de laisser le meuble d'honneur à l'étrangère.

Pendant qu'elle accomplissait ce mouvement, elle ne put remarquer que la visiteuse s'était retournée sur le palier et avait dit à une autre personne restée dans l'ombre :

— Vous pouvez entrer, Madame c'est ici.

La porte se referma, et les deux femmes que nous avons vues demander le chemin de la rue Saint-Claude, venaient de pénétrer chez la comtesse de La Motte Valois.

— Qui faut-il que j'annonce à madame la comtesse? demanda Clotilde en promenant curieusement, quoiqu'avec respect, la chandelle devant le visage des deux femmes.

— Annoncez une dame des Bonnes-Œuvres, dit la plus âgée.

— De Paris?

— Non; de Versailles.

Clotilde entra chez sa maîtresse, et les étrangères, la suivant, se trouvèrent dans la chambre éclairée au moment où Jeanne de Valois se soulevait péniblement de dessus son fauteuil pour saluer très civilement ses deux hôtesses.

Clotilde avança les deux autres fauteuils, afin que les visiteuses eussent le choix, et se retira dans l'antichambre avec une sage lenteur, qui laissait deviner qu'elle suivrait derrière la porte la conversation qui allait avoir lieu.

III

Jeanne de La Mothe de Valois.

Le premier soin de Jeanne de La Motte, lorsqu'elle put décemment lever les yeux, fut de voir à quels visages elle avait affaire.

La plus âgée des deux femmes pouvait, comme nous l'avons dit, avoir de trente à trente deux ans ; elle était d'une beauté remarquable, quoiqu'un air de hauteur répandu sur tout son visage dût naturellement ôter à sa physionomie une partie du charme qu'elle pouvait avoir. Du moins Jeanne en jugea ainsi par le peu qu'elle aperçut de la physionomie de la visiteuse.

En effet, préférant un des fauteuils au sofa, elle s'était rangée loin du jet de lumière qui s'élançait de la lampe, se reculant dans un coin de la chambre, et allongeant au devant de son front la calèche de taffetas ouatée de son mantelet, laquelle, par cette disposition, projetait une ombre sur son visage.

Mais le port de la tête était si fier, l'œil si vif et si naturellement dilaté, que tout détail fut-il effacé, la visiteuse, par son ensemble, devait être reconnue pour être de belle race, et surtout de noble race.

Sa compagne, moins timide, en apparence du moins, quoique plus jeune de quatre ou cinq ans, ne dissimulait point sa réelle beauté.

Un visage admirable de teint et de contour, une coiffure qui découvrait les tempes et faisait valoir l'ovale parfait du masque; deux grands yeux bleus calmes jusqu'à la sérénité, clairvoyants jusqu'à la profondeur; une bouche d'un dessin suave à qui la nature avait donné la franchise, et à qui l'éducation et l'étiquette avaient donné la discrétion ; un nez qui, pour la forme, n'eût rien eu à envier à celui de la Vénus de Médicis, voilà ce que saisit le rapide coup d'œil de Jeanne. Puis, en s'égarant encore à d'autres détails, la comtesse put remarquer dans la plus jeune des deux femmes, une taille plus fine et plus flexible que celle de sa compagne, une poitrine plus large et d'un galbe plus riche, enfin une main aussi potelée que celle de l'autre dame était à la fois nerveuse et fine.

Jeanne de Valois fit toutes ces remarques en quelques secondes, c'est-à-dire en moins de temps que nous n'en avons mis pour les consigner ici.

Puis, ces remarques faites, elle demanda doucement à quelle heureuse circonstance elle devait la visite de ces dames.

Les deux femmes se regardaient, et sur un signe de l'aînée :

— Madame, dit la plus jeune, — car vous êtes mariée, je crois?

— J'ai l'honneur d'être la femme de M. le comte de La Motte, Madame, un excellent gentilhomme.

— Eh bien, nous, Madame la comtesse, nous sommes les dames supérieures d'une fondation de bonnes-œuvres. On nous a dit, touchant votre condition, des choses qui nous ont intéressées, et nous avons en conséquence voulu avoir quelques détails précis sur vous et sur ce qui vous concerne.

Jeanne attendit un instant avant de répondre.

— Mesdames, dit-elle en remarquant la réserve de la seconde visiteuse, vous voyez là, le portrait de Henri III, c'est-à-dire du frère de mon aïeul; car je suis bien véritablement du sang des Valois, comme on vous l'a dit sans doute.

Et elle attendit une nouvelle question en regardant ses hôtesses avec une sorte d'humilité orgueilleuse.

— Madame, interrompit alors la voix grave et douce de l'aînée des deux dames, est-il vrai, comme on le dit, que madame votre mère ait été concierge d'une maison nommée Fontette, sise auprès de Bar-sur-Seine?

Jeanne rougit à ce souvenir, mais aussitôt :

— C'est la vérité, Madame, répliquat-elle sans se troubler: ma mère était la concierge d'une maison nommée Fontette.

— Ah! fit l'interlocutrice.

— Et, comme Marie Jossel, ma mère était d'une rare beauté, poursuivit Jeanne, mon père devint amoureux d'elle et l'épousa. C'est par mon père que je suis de race noble. Madame, mon père était un Saint-Remy de Valois, descendant direct des Valois qui ont régné.

— Mais comment êtes-vous descendue à ce degré de misère, Madame? demanda la même dame qui avait déjà questionné.

— Hélas! c'est facile à faire comprendre.

— J'écoute.

— Vous n'ignorez pas qu'après l'avènement de Henri IV, qui fit passer la couronne de la maison des Valois dans celle des Bourbons, la famille déchue avait encore quelques rejetons, obscurs sans doute, mais incontestablement sortis de la souche commune aux quatre frères, qui tous quatre périrent si fatalement.

Les deux dames firent un signe qui pouvait passer pour un assentiment.

— Or, continua Jeanne, les rejetons des Valois, craignant de faire ombrage, malgré leur obscurité, à la nouvelle famille royale, changèrent leur nom de Valois en celui de Remy, emprunté d'une terre, et on les retrouve, à partir de Louis XIII, sous ce nom, dans la généalogie jusqu'à l'avant-dernier Valois, mon aïeul, qui, voyant la monarchie affermie et l'ancienne branche oubliée, ne crut pas devoir se priver plus longtemps d'un nom illustre, son seul apanage. Il reprit donc le nom de Valois, et le traîna dans l'ombre et la pauvreté, au fond de sa province, sans que nul à la cour de France songeât que hors du rayonnement du trône végétait un descendant des anciens rois de France, sinon les plus glorieux de la monarchie, du moins les plus infortunés.

Jeanne s'interrompit à ces mots.

Elle avait parlé simplement et avec une modération qui avait été remarquée.

— Vous avez sans doute vos preuves en bon ordre, Madame, dit l'aînée des deux visiteuses avec douceur, et en fixant un regard profond sur celle qui se disait la descendante des Valois.

— Oh! Madame, répondit celle-ci avec un sourire amer; les preuves ne me manquent pas. Mon père les avait fait faire et en mourant me les a laissées toutes, à défaut d'autre héritage; mais à quoi bon les preuves d'une inutile vérité ou d'une vérité que nul ne veut reconnaître?

— Votre père est mort? demanda la plus jeune des deux dames.

— Hélas! oui.

— En province?

— Non, Madame.

— A Paris alors?

— Oui.

— Dans cet appartement?

— Non, Madame; mon père, baron de Valois, petit-neveu du roi Henri III, est mort de misère et de faim.

— Impossible! s'écrièrent à la fois les deux dames.

— Et non pas ici, continua Jeanne, non pas dans ce pauvre réduit, non pas sur son lit, ce lit fût-il un grabat! Non, mon père est mort côte à côte des plus misérables et des plus souffrants. Mon père est mort à l'Hôtel-Dieu de Paris.

Les deux femmes poussèrent un cri de surprise qui ressemblait à un cri d'effroi.

Jeanne, satisfaite de l'effet qu'elle avait produit, par l'art avec lequel elle avait conduit la période et amené son dénoûment, Jeanne resta immobile, l'œil baissé, la main inerte.

L'aînée des deux dames l'examinait à la fois avec attention et intelligence, et ne voyant dans cette douleur, si simple et si naturelle à la fois, rien de ce qui caractérise le charlatanisme où la vulgarité, elle reprit la parole :

— D'après ce que vous me dites, Madame, vous avez éprouvé de bien grands malheurs, et la mort de M. votre père, surtout...

— Oh! si je vous racontais ma vie, Madame, vous verriez que la mort de mon père ne compte pas au nombre des plus grands.

— Comment, Madame, vous regardez comme un moindre malheur la perte d'un père? dit la dame en fronçant le sourcil avec sévérité.

— Oui, Madame ; et en disant cela, je parle en fille pieuse. Car mon père, en mourant, s'est trouvé délivré de tous les maux qui l'assiégeaient sur cette terre et qui continuent d'assiéger sa malheureuse famille. J'éprouve donc, au milieu de la douleur que me cause sa perte, une certaine joie à songer que mon père est mort, et que le descendant des rois n'en est plus réduit à mendier son pain !

— Mendier son pain !

— Oh! je le dis sans honte, car dans

nos malheurs il n'y a ni la faute de mon père ni la mienne.

— Mais madame votre mère?

— Eh bien! avec la même franchise que je vous disais tout à l'heure que je remerciais Dieu d'avoir appelé à lui mon père, je me plains à Dieu d'avoir laissé vivre ma mère.

Les deux femmes se regardaient, frissonnant presque à ces étranges paroles.

—Serait-ce une indiscrétion, Madame, que de vous demander un récit plus détaillé de vos malheurs? fit l'aînée.

— L'indiscrétion, Madame, viendrait de moi, qui fatiguerais vos oreilles du récit de douleurs qui ne peuvent que vous être indifférentes.

— J'écoute, Madame, répondit majestueusement l'aînée des deux dames, à qui sa compagne adressa à l'instant même un coup d'œil en forme d'avertissement pour l'inviter à s'observer.

En effet, madame de La Motte avait été frappée elle même de l'accent impérieux de cette voix, et elle regardait la dame avec étonnement.

— J'écoute donc, reprit celle-ci d'une

voix moins accentuée, si vous voulez bien me faire la grâce de parler.

Et cédant à un mouvement de malaise inspiré par le froid sans doute, celle qui venait de parler avec un frissonnement d'épaules, agita son pied qui se glaçait au contact du carreau humide.

La plus jeune alors lui poussa une sorte de tapis de pied qui se trouvait sous son fauteuil à elle, attention que blâma à son tour un regard de sa compagne.

— Gardez ce tapis pour vous, ma sœur, vous êtes plus délicate que moi.

— Pardon, Madame, dit la comtesse de La Motte, je suis au plus douloureux regret de sentir le froid qui vous gagne; mais le bois vient d'enchérir de six livres encore, ce qui le porte à soixante-dix livres la voie, et ma provision a fini il y a huit jours.

— Vous disiez, Madame, reprit l'aînée des deux visiteuses, que vous étiez malheureuse d'avoir une mère.

— Oui, je conçois, un pareil blasphème demande à être expliqué, n'est-ce pas, Madame? dit Jeanne. Voici donc l'explication, puisque vous m'avez dit que vous la désiriez.

L'interlocutrice de la comtesse fit un signe affirmatif de tête.

— J'ai déjà eu l'honneur de vous dire, Madame, que mon père avait fait une mésalliance.

— Oui, en épousant sa concierge.

— Eh bien ! Marie Fossel, ma mère, au lieu d'être à jamais fière et reconnaissante de l'honneur qu'on lui faisait, commença par ruiner mon père, ce qui n'était pas difficile au reste, en satisfaisant, aux dépens du peu que possédait son mari, l'avidité de ses exigences. Puis l'ayant réduit à vendre jusqu'à son dernier morceau de terre, elle lui persuada qu'il devait aller à Paris pour revendiquer les droits qu'il tenait de son nom. Mon père fut facile à séduire, peut-être espérait-il dans la justice du roi. Il vint donc, ayant converti en argent le peu qu'il possédait.

Moi à part, mon père avait encore un fils et une fille. Le fils, malheureux comme moi, végète dans les derniers rangs de l'armée ; la fille, ma pauvre sœur, fut abandonnée, la veille du départ de mon père pour Paris, devant la maison d'un fermier, son parain.

Ce voyage épuisa le peu d'argent qui

nous restait. Mon père se fatigua en demandes inutiles et infructueuses. A peine le voyait-on apparaître à la maison, où, rapportant la misère, il trouvait la misère. En son absence, ma mère, à qui il fallait une victime, s'aigrit contre moi. Elle commença de me reprocher la part que je prenais aux repas. Je préférai peu à peu ne manger que du pain ou même ne pas manger du tout, à m'asseoir à notre pauvre table ; mais les prétextes de châtiment ne manquèrent point à ma mère : à la moindre faute, faute qui quelquefois eût fait sourire une autre mère, la mienne me battait ; des voisins, croyant me rendre service, dénoncèrent à mon père les mauvais traitements dont j'étais l'objet. Mon père essaya de me défendre contre ma mère, mais il ne s'aperçut point que par sa protection il changeait mon ennemie d'un moment en marâtre éternelle. Hélas! je ne pouvais lui donner un conseil dans mon propre intérêt, j'étais trop jeune, trop enfant. Je ne m'expliquais rien, j'éprouvais les effets sans chercher à deviner les causes. Je connaissais la douleur, voilà tout.

Mon père tomba malade et fut d'abord forcé de garder la chambre, puis le lit. Alors on me fit sortir de la chambre de mon père, sous prétexte que ma présence le fatiguait et que je ne savais point réprimer ce besoin de mouvement qui est le cri de la jeunesse. Une fois hors de la chambre, j'appartins comme auparavant à ma mère. Elle m'apprit une phrase qu'elle entrecoupa de coups et de meurtrissures; puis, quand je sus par cœur cette phrase humiliante qu'instinctivement je ne voulais pas retenir, quand mes yeux furent rougis par mes larmes, elle me fit descendre à la porte de la rue, et de la porte elle me lança sur le premier passant de bonne mine, avec ordre de lui débiter cette phrase, si je ne voulais pas être battue jusqu'à la mort.

— Oh ! affreux ! affreux ! murmura la plus jeune des deux dames.

— Et quelle était cette phrase? demanda l'aînée.

— Cette phrase, la voici, continua Jeanne : — Monsieur, ayez pitié d'une petite orpheline qui descend en ligne droite de Henri de Valois.

— Oh ! fi donc ! s'écria l'aînée des deux visiteuses avec un geste de dégoût.

— Et quel effet produisait cette phrase à ceux auxquels elle était adressée? demanda la plus jeune.

— Les uns m'écoutaient et avaient pitié, dit Jeanne. Les autres s'irritaient et me faisaient des menaces. D'autres, enfin, encore plus charitables que les premiers, m'avertirent que je courais un grand danger en prononçant des paroles semblables, qui pouvaient tomber dans des oreilles prévenues. Mais moi, je ne connaissais qu'un danger, celui de désobéir à ma mère. Je n'avais qu'une crainte, celle d'être battue.

— Et qu'arriva-t-il?

— Mon Dieu, Madame, ce qu'espérait ma mère; je rapportais un peu d'argent à la maison, et mon père vit reculer de quelques jours cette affreuse perspective qui l'attendait : l'hôpital.

Les traits de l'aînée des deux jeunes femmes se contractèrent, des larmes vinrent aux yeux de la plus jeune.

— Enfin, Madame, quelque soulagement qu'il apportât à mon père, ce hideux métier me révolta. Un jour, au lieu de courir après les passants et de les poursuivre de ma phrase accoutumée, je m'assis au pied d'une borne, où je restai une partie de la journée comme anéantie. Le soir, je rentrai les mains vides. Ma mère me battit tant que le lendemain je tombai malade.

Ce fut alors que mon père, privé de toute ressource, fut forcé de partir pour l'Hôtel-Dieu, où il mourut.

— Oh! l'horrible histoire! murmurèrent les deux dames.

— Mais alors que fites-vous, votre père mort? demanda la plus jeune des deux visiteuses.

— Dieu eut pitié de moi. Un mois après la mort de mon pauvre père, ma mère partit avec un soldat, son amant, nous abandonnant, mon frère et moi.

— Vous restâtes orphelins!

— Oh! Madame, nous, tout au contraire des autres, nous ne fûmes orphelins que tant que nous eûmes une mère. La charité publique nous adopta. Mais comme mendier nous répugnait, nous ne mendiions que dans la mesure de nos besoins. Dieu commande à ses créatures de chercher à vivre.

— Hélas!

— Que vous dirai-je, Madame? un jour j'eus le bonheur de rencontrer un carrosse qui montait lentement la côte du faubourg Saint-Marcel ; quatre laquais étaient derrière ; dedans, une femme jeune et belle encore ; je lui tendis la main ; elle me questionna ; ma réponse et mon nom la frappèrent de surprise, puis d'incrédulité. Je donnai adresse et renseignements. Dès le lendemain elle savait que je n'avais pas menti ; elle nous adopta, mon frère et moi, plaça mon frère dans un régiment et me plaça dans une maison de couture. Nous étions sauvés tous deux de la faim.

— Cette dame, n'est-ce pas madame de Boulainvilliers?

— Elle-même.

— Elle est morte, je crois ?

— Oui, et sa mort m'a replongée dans l'abîme.

— Mais son mari vit encore; il est riche.

— Son mari, Madame, c'est à lui que je dois tous mes malheurs de jeune fille, comme c'est à ma mère que je dois tous mes malheurs d'enfant. J'avais grandi, j'avais embelli peut-être; il s'en aperçut; il voulut mettre un prix à ses bienfaits : je refusai. Ce fut sur ces entrefaites que madame de Boulainvilliers mourut, et moi, moi qu'elle avait mariée à un brave et loyal militaire, M. de La Motte, je me trouvai, séparée que j'étais de mon mari, plus abandonnée après sa mort que je ne l'avais été après la mort de mon père.

Voilà mon histoire, madame. J'ai abrégé : les souffrances sont toujours des longueurs qu'il faut épargner aux gens heureux, fussent-ils bienfaisants, comme vous paraissez l'être, Mesdames.

Un long silence succéda à cette dernière période de l'histoire de madame de La Motte.

L'aînée des deux dames le rompit la première.

— Et votre mari, que fait-il? demanda-t-elle.

— Mon mari est en garnison à Bar-sur-Aube, Madame; il sert dans la gendarmerie, et, de son côté, attend des temps meilleurs.

— Mais vous avez sollicité auprès de la cour?

— Sans doute!

— Le nom de Valois, justifié par des

titres, a dû éveiller des sympathies?

— Je ne sais pas, Madame, quels sont les sentiments que mon nom a pu éveiller, car à aucune de mes demandes je n'ai reçu de réponse.

— Cependant vous avez vu les ministres, le roi, la reine.

— Personne. Partout tentatives vaines, répliqua madame de La Motte.

— Vous ne pouvez mendier, pourtant!

— Non, Madame, j'en ai perdu l'habitude. Mais...

— Mais quoi ?

— Mais je puis mourir de faim comme mon père.

— Vous n'avez point d'enfant ?

— Non, Madame, et mon mari, en se faisant tuer pour le service du roi, trouvera de son côté au moins une fin glorieuse à nos misères.

— Pouvez-vous, Madame, je regrette d'insister sur le sujet, pouvez-vous fournir les preuves justificatives de votre généalogie ?

Jeanne se leva, fouilla dans un meuble, et en tira quelques papiers qu'elle présenta à la dame.

Mais comme elle voulait profiter du moment où cette dame, pour les examiner, s'approcherait de la lumière et découvrirait entièrement ses traits, Jeanne laissa deviner sa manœuvre par le soin qu'elle mit à lever la mèche de la lampe afin de doubler la clarté.

Alors la dame de charité, comme si la lumière blessait ses yeux, tourna le dos à la lampe, et par conséquent à madame de La Motte.

Ce fut dans cette position qu'elle lut attentivement et compulsa chaque pièce l'une après l'autre.

— Mais, dit-elle, ce sont là des copies d'actes, Madame, et je ne vois aucune pièce authentique.

— Les minutes, Madame, répondit Jeanne, sont déposées en lieu sûr et je les produirais...

— Si une occasion importante se présentait, n'est-ce pas? dit en souriant la dame.

— C'est sans doute, Madame, une occasion importante que celle qui me procure l'honneur de vous voir ; mais les documents dont vous me parlez sont tellement précieux pour moi que...

— Je comprends. Vous ne pouvez les livrer au premier venu.

— Oh ! Madame, s'écria la comtesse qui venait enfin d'entrevoir le visage plein de dignité de la protectrice; oh ! madame, il me semble que, pour moi, vous n'êtes pas la première venue.

Et aussitôt, ouvrant avec rapidité un autre meuble dans lequel jouait un tiroir secret, elle en tira les originaux des pièces justificatives, soigneusement enfermées dans un vieux portefeuille armorié au blason de Valois.

La dame les prit, et après un examen plein d'intelligence et d'attention :

— Vous avez raison, dit la dame de charité, ces titres sont parfaitement en règle, je vous engage à ne pas manquer de les fournir à qui de droit.

— Et qu'en obtiendrais-je à votre avis, Madame ?

— Mais sans nul doute une pension

pour vous, un avancement pour M. de La Motte, pour peu que ce gentilhomme se recommande par lui-même.

— Mon mari est le modèle de l'honneur, Madame, et jamais il n'a manqué aux devoirs du service militaire.

— Il suffit, Madame, dit la dame de charité en abattant tout à fait la calèche sur son visage.

Madame de La Motte suivait avec anxiété chacun de ses mouvements.

Elle la vit fouiller dans sa poche, dont elle tira d'abord ce mouchoir brodé qui lui avait servi à cacher son visage quand elle glissait en traîneau le long des boulevarts.

Puis au mouchoir succéda un petit rouleau d'un pouce de diamètre et de trois à quatre pouces de longueur.

La dame de charité déposa le rouleau sur le chiffonnier en disant :

— Le bureau des bonnes-œuvres m'autorise, Madame, à vous offrir ce léger secours, en attendant mieux.

Madame de La Motte jeta un rapide coup d'œil sur le rouleau.

— Des écus de trois livres, pensa-t-elle ; il doit y en avoir au moins cinquante ou même cent. Allons, c'est cent cinquante ou peut-être trois cents livres qui nous tombent du ciel. Cependant, pour cent il est bien court ; mais aussi pour cinquante il est bien long.

Tandis qu'elle faisait ses observations, les deux dames étaient passées dans la première pièce, où dame Clotilde dormait sur une chaise près d'une chandelle dont la mèche rouge et fumeuse s'allongeait au milieu d'une nappe de suif liquéfié.

L'odeur âcre et nauséabonde saisit à

la gorge celle des deux dames de charité qui avait déposé le rouleau sur le chiffonnier. Elle porta vivement la main à sa poche et en tira un flacon.

Mais à l'appel de Jeanne, dame Clotilde s'était réveillée en saisissant à belle mains le reste de la chandelle. Elle l'élevait comme un phare au-dessus des montées obscures, malgré les protestations des deux étrangères qu'on éclairait en les empoisonnant.

— Au revoir, au revoir, madame la comtesse ! crièrent-elles, et elles se précipitèrent dans les escaliers.

— Où pourrai-je avoir l'honneur de vous remercier, Mesdames? demanda Jeanne de Valois.

— Nous vous le ferons savoir, dit l'aînée des deux dames en descendant le plus rapidement possible.

Et le bruit de leurs pas se perdit dans les profondeurs des étages inférieurs.

Madame de Valois rentra chez elle, impatiente de vérifier si ses observations sur le rouleau étaient justes. Mais en traversant la première chambre, elle heurta du pied un objet qui roula, de la natte qui servait à calfeutrer le dessous de la porte, sur le carreau.

Se baisser, ramasser cet objet, courir à la lampe, telle fut la première inspiration de la comtesse de La Motte.

C'était une boîte en or, ronde, plate et assez simplement guillochée.

Cette boîte renfermait quelques pastilles de chocolat parfumé ; mais, si plate qu'elle fût, il était visible que cette boîte avait un double fond, dont la comtesse fut quelque temps à trouver le secret ressort.

Enfin, elle trouva ce ressort et le fit jouer.

Aussitôt un portrait de femme lui apparut, sévère, éclatant de beauté mâle et d'impérieuse majesté.

Une coiffure allemande, un magnifique collier semblable à celui d'un ordre, donnaient à la physionomie de ce portrait une étrangeté étonnante.

Un chiffre composé d'un M et d'un T, entrelacé dans une couronne de laurier, occupait le dessus de la boîte.

Madame de La Motte supposa, grâce

à la ressemblance de ce portrait avec le visage de la jeune dame, sa bienfaitrice, que c'était un portrait de mère ou d'aïeule, et son premier mouvement, il faut le dire, fut de courir à l'escalier pour rappeler les dames.

La porte de l'allée se refermait.

Puis à la fenêtre pour les appeler, puisqu'il était trop tard pour les rejoindre.

Mais à l'extrémité de la rue Saint-Claude, débouchant dans la rue Saint-Louis, un cabriolet rapide fut le seul objet qu'elle aperçut.

La comtesse, n'ayant plus d'espoir de rappeler les deux protectrices, considéra encore la boîte, en se promettant de la faire passer à Versailles; puis saisissant le rouleau laissé sur le chiffonnier.

— Je ne me trompais pas, dit-elle, il n'y a que cinquante écus.

Et le papier éventré roula sur le carreau.

— Des louis! des doubles louis! s'écria la comtesse. Cinquante doubles louis! deux mille quatre cents livres!

Et la joie la plus avide se peignit dans

ses yeux, tandis que dame Clotilde, émerveillée à l'aspect de plus d'or qu'elle n'en avait jamais vu, demeurait la bouche ouverte et les mains jointes.

— Cent louis! répéta madame de La Motte..... Ces dames sont donc bien riches? Oh! je les retrouverai!...

FIN DU PREMIER VOLUME.

TABLE.

Avant-propos. 1

PROLOGUE.

Chap. I. Un vieux gentilhomme et un vieux maître
        d'hôtel. 15
   II. Lapeyrouse. 55
   III. Lapeyrouse (*suite*). 129

LE COLLIER DE LA REINE.

Chap. I. Deux femmes inconnues. 189
   II. Un intérieur 229
   III. Jeanne de La Motte de Valois. 261

Sceaux, impr. de E. Dépée.

En vente :

LES AMOURS D'UN FOU,
Par XAVIER DE MONTÉPIN.
4 volumes in-8.

LORD ALGERNON,
Par le Marquis DE FOUDRAS.
4 volumes in-8.

PIVOINE,
Par XAVIER DE MONTÉPIN.
2 volumes in-8.

UN AMI DIABOLIQUE,
Par A. DE GONDRECOURT.
5 volumes in-8.

LES VIVEURS D'AUTREFOIS.
Par le Marquis de FOUDRAS et X. de MONTÉPIN
4 volumes in-8.

LE DOCTEUR SERVANS,
Par ALEXANDRE DUMAS Fils.
2 volumes in-8.

ROMAN D'UNE FEMME
Par le Même. — 4 volumes in-8.

Les Chevaliers du Lansquenet,
Par le Marquis de FOUDRAS et X. de MONTÉPIN.
10 volumes in-8.

LES GENTILSHOMMES CHASSEURS,
Par le Marquis DE FOUDRAS.
2 volumes in-8.

LES SEPT PÉCHÉS CAPITAUX,
Par EUGÈNE SUE
12 volumes in-8.
L'ORGUEIL, L'ENVIE et LA COLÈRE,

Impr. de E. Depée, à Sceaux (Seine).

www.ingramcontent.com/pod-product-compliance
Lightning Source LLC
Chambersburg PA
CBHW060355170426
43199CB00013B/1874